KB026568

나를 살린 스쿼트

by

AWESOME BLISS

AWESOME BLISS

Prologue

들어가며

제가 하려는 이야기는 생각보다 복잡합니다. 단순히 "스쿼트 하는 법"을 설명하려고 했다면 이 책을 쓸 생각조차 하지 않았을 겁니다. 10대를 고도비만으로 살아온 제가 운동을 시작하면서 마주 할 수 밖에 없었던 문제들과 그 문제들을 해결하기 위해서 노력했던 과정들이 담긴 이야기 입니다.

몇초에 한번씩 피드가 바뀌는 인스타나 유튜브에서는 전달 할 수 없었던 느린 템포의 깊이 있는 이야기들을 담기 위해서 글을 썼습니다.

책을 써서 유명해지고 싶다는 생각 또는 돈을 벌겠다는 생각은 추호도 없습니다. 그저 제가 마주했던 문제들을 많은 사람들도 마주하고 있고 그 문제에 부딪혀서 바벨 운동을 위험한 운동이라고 생각하거나 어려운 운동이라고 생각하는 등의 안타까움을 해소하기 위해서 편협한 주제이지만 "스쿼트"를 글감으로 삼게 되었습니다.

이야기의 주제는 스쿼트이지만 스쿼트를 이야기하는 과정에서 우리가 살아가며 마주하는 운동에 있어서의 문제점들을 해결하는 방법들을 설명합니다. 운동을 전공하지 않았던 제가 운동을 공부해 보니 보였던 피트니스 시장의 모순점을 공개하고 그것을 저만의 방법으로 풀어내려는 노력을 하였습니다.

온라인에서 제가 만든 영상을 본 적이 있으시다면 이 책 또한 제가 쉽게 쓰지 않으려 노력했다는 것을 알 것입니다. 쉽게 얻으면 쉽게 잃을 수 밖에 없고, 어렵게 얻으면 잃기도 어렵습니다.

느린 속도의 제 이야기를 이해하기 위해서 이 책을 집어들어주셔서 정말로 감사합니다. 제가 살아왔던 그리고 살아가는 진짜 세상을 보여주는 방법은 책을 쓰는 것이 유일하다고 생각했습니다. 한 문장, 한 문장 그냥 쓰지 않았습니다. 이 글을 읽는 분들에게 정말 조금의 도움이라도 되게 하기 위해서 몇 날, 며칠을 고민하고 노력하며 글을 적었습니다.

그럼 제 스쿼트 이야기를 들으러 가보실까요?

Awesome Bliss 정 영 현

contents

Prologue   7

Why?   01

» 20살에 처음 경험한 스쿼트   12

» 멈출 수 없는 즐거움의 민낯, 중독   15

» 파괴적인 선택이 불러온 결과   17

What?   02

» 다시 0부터   20
　아무도 알려주지 않는 유연성의 진실   21
　아무도 알려주지 않은 통증의 근본적인 원인   30
　우리는 왜 아픈가?(통증)   33
　운동을 하면 왜 허리나 무릎이 아플까?   36
　책에는 나오지 않는 허리를 보호하는 법   39
　그런데 왜 하필 스쿼트?   43

» 피트니스 시장의 문제점   46
　절망적인 순간   46
　강한 자만이 살아남는 피트니스 시장   47
　운동 레벨 나누기   48

» 레벨1 훈련, 잠금 해제   51
　발과 발목   51
　무릎   54
　고관절1_회전   54
　고관절2_굴곡   57
　허리   62
　옆구리   64
　흉추   66
　어깨   69

» 레벨2 훈련, Loaded - Stretching   78
　카프 레이즈& 티비알리스 레이즈   78
　원레그 스티프 데드리프트   80
　시티드 굿모닝   83
　코펜하겐 플랭크   86
　닐링 익스텐션   88
　Psoas March   91

How?   03

» 스쿼트는 왜 해야 하는가?   96

» 브레이싱   98
　브레이싱의 목표   98
　브레이싱 배우기   100
　브레이싱에 관한 부정적 견해   103

» 고블렛 스쿼트   104
　발   104
　브레이싱 하기   105
　하강   106
　상승   106
　고블렛 스쿼트에서 반드시 배워야 하는 것들   108

» 바벨 백 스쿼트(하이바)   109
　체스트업   109
　견착   112
　연락   117
　하강&상승   118
　호흡   119

장비   04

» EQUIPMENT   124
   벨트   124
   니슬리브 & 니랩   125
   리스트랩   127
   역도화   128
   바벨   129

스쿼트에 대한 궁금증   05

» Q&A   134
   스쿼트는 안전할까?   134
   벗윙크의 원인과 해결 방법   134
   사람마다 스쿼트 자세가 다른 이유   137
   수직선 바패스가 틀린 이유   139
   다리는 넓게 벌리는 것이 좋을까?
   좁게 벌리는 것이 좋을까?   141
   시선 처리   144
   팔꿈치 통증   145

   앞쪽 허벅지를 키우려면 어떻게 스쿼트를
   해야 할까?   145
   다리 운동은 스쿼트만 해도 될까?   146
   무릎이 안쪽으로 모이는 것은 나쁜 것인가?   146
   바벨이 닿는 곳의 뼈가 아프다?   149
   한쪽으로 쏠려서 앉는다면?   150
   무릎이 발끝을 넘어가도 괜찮을까?   152
   스쿼트를 잘하면 달리기가 빨라질까?   152
   무겁게 스쿼트 하는 것은 좋지 않다?   153
   뻣뻣한건 안좋다?   153

운동이란 무엇일까?   06

» WHAT IS EXERCISE?   156
   운동의 원리, 적응   156
   운동량, 볼륨   159
   휴식, 디로딩   161
   식단   163

나의 운동 이야기   07

» MY EXERCISE STORY   166
   운이 좋았던 내 이야기   166
   운동 덕후가 운동 공부를 시작하니 생긴 일   168
   나를 살린 스쿼트   170

Epilogue   175

chapter
01

WHY?

■ 20살에 처음 경험한 스쿼트

■ 멈출 수 없는 즐거움의 민낯, 중독

■ 파괴적인 선택이 불러온 결과

20살에
처음 경험한
스쿼트

    바벨 운동 지도자로 활동하고 있는 나에게도 바벨을 처음 잡는 순간이 있었다. 누구에게나 그렇듯 첫 경험은 여러 가지 이유에 의해서 기억에 남기 마련이다. 내 머릿속에 그 순간이 강렬하게 각인되어 있는 이유는 스쿼트라는 운동이 너무 어려웠기 때문이다. 동양인임에도 불구하고 가족 중에 그 누구도 쪼그려 앉기를 편하게 하는 사람이 없을 정도로 나는 선천적으로 뻣뻣했다. 뿐만 아니라 고3까지 책상에 앉아서 공부만 하느라 내 몸은 심한 과체중일 뿐만 아니라 굳어있었다. 그래서 인간의 아주 기본적인 동작인 쪼그려 앉고 일어나는 동작이 불가능했고, 그 동작을 하는 것 자체로도 엄청난 고통이 찾아왔다. 흔히 운동에서 느껴지는 근육통의 느낌이 아닌 아주 불편한 고통 말이다. 좀 쉽게 비유 해보자면 나는 사이드 브레이크를 잔뜩 당겨놓은 채로 오래 주차가 된 차였다. 이 차를 움직이기 전에 여러모로 정비도 필요하고 사이드 브레이크를 제거하는 작업부터 해야하는데, 내가 처음 운동을 배울 당시는 2010년으로 "just do it / 그냥해"가 당연시 되던 분위기였다. 그래서 "하다 보면 됩니다"라는 말과 함께 운동을 배웠고 브레이크가 걸린 상태로 계속 엑셀을 밟게 된 내 몸은 엔진 과열과 연료 고갈이라는 결과를 얻었다.

    20살이 넘어서 처음 운동을 한 내 개인적인 이야기를 좀 더 해보자면, 나는 19살까지 초고도비만으로 살아왔다. 운동에 영 소질이 없었던 것은 아니지만 어릴 때부터 편식과 잦은 폭식 그리고 게임 중독으로 인해서 초등학교 3학년 이후 쭉 생활기록부에는 "비만 또는 고도비만"으로 적혀있었다. 그러다가 고3 수능 이후 멋진 대학 생활을 꿈꾸며 살을 빼야겠다는 결심을 하게 되었다. 2010년 당시 10회에 50만원의 PT를 처음으로 운동을 시작했었는데, 그 PT의 경험이 여러 가지 의미로 지금의 나를 있게 해주었다. 스쿼트라는 동작을 처음 해보는데, 정말 이 동작은 어색하기 그지 없었다. 초등학교에 있었던 재래식 화장실에만 가면 고통이었던 나는, 스쿼트는 불가능해 보이는 동작이었다. 그리고 PT 선생님의 "하다 보면 됩니다."는 나에겐 아무리 해도 안될 것 같다는 생각만 점점 강해지게 만들었다.

대다수의 20대가 운동을 시작하는 이유는 사실 건강해지고 싶어서라기 보다는 멋진 몸을 만들고 싶어서다. 그렇기에 운동을 시작하는 사람들은 운동을 하면 힘든 것이 당연하다고 여긴다. "힘들어야 운동이지!" 나 역시도 운동의 유일한 목적이 다이어트 미용에 있었고, 내가 느끼는 그 불편한 고통들이 근육이 성장하는 근육통이라 믿으며 운동을 지속해왔다. 뿐만 아니라 동작에 대한 이해도는 전혀 없는 채로 동작을 그냥 따라 하기만 했다. 왜 그런 말 있지 않은가, "양보다는 질이다." 운동이라고 이 원칙을 따르지 않을리가 없는데, 나는 스쿼트라는 동작을 더 잘하려고 하기 보다는 그냥 더 많이 하고 더 무겁게 하려고만 했다. 더 무겁고 더 많이 하기 이전에 어떻게 하면 내 몸에 맞게 더 나다운 스쿼트를 할 수 있을지 고민하고 노력해야 하는데, 그 순서가 바뀌었다. 비단 스쿼트 뿐만 아니라 모든 운동에서 그랬던 것 같다. 그렇게 나는 건강과는 점점 먼 운동을 하고 있었고 내 몸의 연료는 조금씩 빠르게 고갈되어 갔으며 나의 엔진은 조금씩 그러나 빠르게 과열되어져갔다. 다만 나는 그것을 전혀 모르고 있었을 뿐.

쪼그려 앉기를 하지 못하는데 어떻게 스쿼트를 했냐고? 역도화를 신고 했다. 쪼그려 앉기가 안되는 사람들은 대부분 발목이 뻣뻣해서 그런 것인데, 뒷축이 높은 신발을 신으면 훨씬 스쿼트가 쉬워진다. 스쿼트를 하다가 이내 허리가 아팠고 벨트를 찼다. 스쿼트를 하다보니 손목과 팔꿈치가 아파와서 손목보호대와 팔꿈치 보호대를 찼다. 뭔가 좀 이상하지 않은가? 뭔가 잘못되었다. 허리가 아프면 허리가 왜 아픈지 원인을 찾고 그 원인을 제거해야 하는데, 그 원인을 그대로 남겨둔 채로 보호대를 찼다. 이게 감기 같은 것이라서 단지 지금 아플 때 진통제를 먹고 통증을 느끼지 못하는 사이에 몸이 자연 치유를 하는 그런 과정이면 좋으련만, 애석하게도 운동은 그렇지 않다. 우리는 너무나 장시간의 좌식 생활에 의해서 자유롭게 움직이며 살아가는 법을 잃어버렸다. 그렇기에 패턴의 재학습이 없는 한 우리를 아프게 하는 원인은 스스로 제거될 일이 없다. 그렇게 나는 아무것도 모른채 11년동안 사이드 브레이크가 잠겨있는 스쿼트의 엑셀을 밟아왔다.

멈출 수 없는 즐거움의 민낯, 중독

　　운동은 나의 유일한 성취 도구였다. 대한민국의 평범한 고등학생으로 성장해서 대학교를 갔다. 꿈이며 전공이며 별 생각 없이 성적에 맞추어 학교를 갔고, 학점을 잘 받으면 취업이 잘 된다고 하여 열심히 공부를 했다. 학생으로서 학점을 잘 받는건 기쁜 일은 맞지만 그것이 나를 더 나은 사람으로 만들어 준다는 성취감 같은 것은 없었다. 하지만 운동은 좀 달랐다. 그날 그날 오늘도 해냈다는 성취감은 물론이며 느리지만 꾸준한 몸의 변화뿐만 아니라 점점 늘어나는 숙련도와 무게는 그 어떤 행위보다 나에게 큰 성취감을 주었다. 그렇게 점점 운동이 주는 매력에 빠져들었고 특히 3대 운동이라 불리는 스쿼트, 벤치프레스, 데드리프트 같은 바벨 운동은 중량이 지속적으로 늘어남에 따라 그 성취감이 더 컸다.

　　"점진적 과부하" 운동을 시작하면 반드시 듣게 되는 말 중 하나이다. 점진적으로 무게를 올려서 몸에 과부하를 줘야한다는 뜻이고, 이 방법을 통해서 근육량의 증가나 스트렝스의 증가를 얻을 수 있다. 나는 이 점진적 과부하라는 단어에 깊이 빠져들었고 점점 더 무거운 무게를 들면 내 몸이 더 좋아질 것이라고 생각을 했다. 좀 더 정확하게 표현해 보자면, 더 무겁게 들면 내 근육이 더 커져서 외적으로 더 멋있어 보일 것이라고 생각을 했다. 나에게도 철없는 20대가 있었고 그때 당시는 몸이 크고 근육이 많을 수록 멋지다는 생각에 빠져 살았다. 아무튼 그런 이유에 의해서 나는 무게를 드는 것에 대한 즐거움이 생겼다. 그리고 그 즐거움은 내 몸에 쌓여가던 고통을 잊게 만들었다. 스쿼트를 200kg를 넘게 들게 되던 때부터 내 몸이 더 이상은 건강하지 않다는 생각을 종종 하곤 했다. 운동 할때를 제외하곤 대부분의 일상 생활에서 피곤함을 느꼈고, 운동을 하지 않으면 몸이 뻣뻣해서 잘 움직이기도 힘들었다. 하지만 점진적 과부하가 주는 그 달콤함과 짜릿함은 무게를 드는 것에 대한 중독으로 나를 점점 끌어 들어갔다. 그리고 그렇게 5년 넘게 헬스장에 갈 때마다 더 무겁게 들려고 노력했고, 어느샌가 꽤 무게를 잘든다는 생각을 하게 되었다.

한 달에 월급이 60만원이던 대학원생 시절에, 80만원 짜리 파워리프팅 교육을 받게 된다. 그 이유는 그 교육을 받으면 한국에서 열리는 파워리프팅 대회에 참가가 가능하기 때문이었다. 나는 운동과는 전혀 관계없는 기계공학 학도였지만, 정말 순수한 내 실력에 대한 궁금증이 있었다. 그리고 2017년에 처음으로 IPF(International Powerlifting Federation) 국제 파워리프팅 대회에 참가하게 된다. 그리고 그 결과는 놀랍게도 1등. 책을 작성하고 있는 지금인 2023년은 파워리프팅이라는 스포츠가 대중화가 되어서 내 기록으로는 좋은 성적을 내긴 힘들겠지만, 2017년도 당시에는 '땅데드' 땅에서 데드리프트 하는 것에 대한 인식조차 한국에 없었을 때이다. 그래서 나는 땅에서 시작하는 데드리프트를 하기 위해서 매번 헬스장을 찾는데 애를 많이 먹었었다. 아무튼 그렇게 첫 대회에 나가서 1등을 하게 되고, 내가 운동을 하면서 알게 된 것들을 더 많은 사람들에게 나누기 위해서 유튜브를 시작한다. 멋모르고 시작한 유튜브는 생각보다 많은 사람들에게 공감을 얻게 되면서 운이 좋게 구독자수가 빨리 증가하게 된다. 그리고 나의 채널은 사람들에게 점점 더 "무거운 무게"를 드는 채널로 인식이 되면서, 나의 무게에 대한 집착은 더 늘어만 가게 되었다. 그리고 그렇게 브레이크를 제거하지 않고 엑셀을 밟은 운동을 11년째 하던 내 몸은 드디어 완전히 망가져 버렸다.

파괴적인 선택이 불러온 결과

유튜브를 시작하고 그 후로도 꾸준히 대회를 나가면서 파워리프팅 대회 총 4번의 1등을 하게 된다. 공식적인 기록으로 나의 3대 기록은 635kg. 스쿼트 240kg, 벤치프레스 150kg, 데드리프트 245kg이다. 그렇게 내가 다룰 수 있는 중량이 점점 올라가는 것에 비례해, 30대를 향해 달려가는 나의 본업은 더 바빠져 갔다. 나이가 20대 후반으로 접어들면서 취업 준비, 그리고 취업을 하게 되고, 일과 운동을 병행하기가 너무 어려웠다. 뿐만 아니라 나는 주말에도 거의 유튜브 관련 일을 했어야 했기 때문에 하루 4시간씩 자고 운동을 했던 것 같다. 그렇게 오남용되고 과열된 내 엔진은 21년 5월 수명을 다했다. 당시 스쿠터를 타고 다녔는데, 자동차와 비접촉 교통사고가 나게 되면서 허리디스크가 파열된다. 응급실에 실려 갔으며 한달동안 걸음을 걷지 못하였다. 그간 몸을 관리하지 않고 무게만 드느라 엑셀을 밟은 최후의 결과이다.

사실 허리디스크는 결과에 지나지 않고, 그 전부터 몸이 건강하지 않다는 징조들이 많이 있었다. 나는 달리기를 하지 못했다. 원래 폭발적인 힘을 내는 사람들은 지근(지구력 근육)보다는 속근(속도 근육)이 발달되어 있어서 단거리 달리기라도 잘하는데, 나는 장거리든 단거리든 조금만 달리기 시작하면 발목부터 몸 전체가 아파왔다. 나는 땅바닥에 앉지 못했다. 어느 순간부터 바닥에 앉으면 다리에 쥐가 나고 허리가 아팠다. 어른들은 우스갯소리로 다리가 굵어서 피가 안 통해서 그런 거라고 말씀하셨지만, 지금 생각해 보면 햄스트링과 고관절 주변 근육들이 너무 짧아져서 그런 것 같다. 아침에 일어나면 허리를 거의 움직이지 못했다. 온 몸이 뻣뻣했지만 그중에서도 허리는 아침이면 특히나 뻣뻣했다. 새벽 배송 온 물건을 가지러 나가면 허리를 숙이지 못해서 물건을 못 들고 오는 경우가 허다했다. 그런 허리로 밤마다 200kg 넘는 바벨을 들어 됐으니… 그뿐 아니라 일상생활에서도 불편함을 많이 느낄정도로 몸이 뻣뻣했고 둔했다. 다른 운동은 아예 못할 정도였으니 말이다.

다시 허리디스크가 터졌던 그때로 돌아와 보자면, 나는 육체가 부서진 만큼 정신도 강하게 부서졌다. 당시 개인적인 문제로 회사에서 퇴사하고 전업 운동 유튜버로 살아간지 채 4개월이 되지 않아서 걷지도 못하는 상태가 되었다. 당장 먹고 살길이 정말 막막했고 심지어 나는 그 해 6월에 결혼을 앞두고 있어서 큰돈이 들어갈 일도 많았다. 당시 코로나가 심해서 그 핑계를 대고 미안하지만 친구들에게 청첩장을 대부분 모바일로 보냈다. 경제적 여유가 없어지니 자신감도 많이 없어졌다. 그 때 정말 허리가 아픈 것보다 정신적으로 힘든 것이 더 고통스러웠다. 그렇게 나의 11년간의 브레이크를 밟은 채로 엑셀을 밟은 행위는 비극적 결말을 초래했다.

chapter
02

WHAT?

■ 다시 0부터

■ 피트니스 시장의 문제점

■ 레벨1 훈련, 잠금 해제

■ 레벨2 훈련, Loaded - Stretching

다시 0부터

집 앞에 있는 10분 거리의 병원을 한 시간 동안 걸어가야 할 정도로 걸음 걷는 것조차 힘들었다. 택시를 타지 않았던 이유는 차에 탑승을 하려면 앉고 일어나야 하는데, 그 동작에서 가장 통증을 많이 느꼈기 때문이다. 병원과 화장실을 갈 때를 제외하고는 침대에 누워있었다. 하루라도 빨리 허리가 나으면 좋겠다는 생각으로 스스로 공부를 하기 시작했다. 가장 먼저 읽었던 책은 정선근 교수님의 '백년허리'라는 책이다. 백년허리는 정선근 교수님께서 일반인들을 위해서 아주 알기 쉽게 쓴 허리 교과서 같은 느낌의 책이다. 요통을 가지고 있는 그 누구라도 꼭 한 번쯤은 읽어보면 좋기에 적극 추천한다. 하지만 여기서 당부하고 싶은 것은 백년허리에 나와 있는 모든 내용이 다 적용되기는 어렵다. 동전이 양면이듯이, 어떤 지식이나 사실도 바라보는 관점에 따라서 양면이 될 수도 있다. 그렇기에 우리는 백년허리라는 책은 "의사 선생님이 허리가 아주 아픈 일반인들을 위해서 쓴 내용"이라고 이해를 해야하고, 그렇기에 운동을 하는 관점에서는 다소 적용시키기 어려운 부분도 있다는 것을 꼭 알고 넘어갔으면 한다.

백년허리의 주된 내용은 디스크가 생기는 원인과 그 치유 방법인데, 요추 전만을 하게되면 상처받은 디스크들이 빠르게 치유가 된다고 한다. 다행히 이 방법은 디스크가 터진 나에게 매우 효과적이었으며 요추 전만을 한 이후로 하루가 다르게 빠르게 회복하는 것이 느껴졌다. 그와 반대로 허리를 구부리는 동작은 매우 위험하다고 그 책에서 언급되어 있어서 허리를 구부리는 동작을 병적으로 피하기 시작했다. 허리를 구부려야 하는 상황이 온다면 가급적 발목과 무릎 그리고 고관절을 구부려서 허리를 최대한 구부리지 않으려고 노력했고,

그럼에도 불구하고 구부려야 한다면 허리 복대를 꼭 사용했다(**결과적으로 이 습관은 나에게 독이 되어 다시 돌아왔다**).

아무도 알려주지 않는 유연성의 진실

어느 정도 허리의 통증이 많이 사라지고 난 뒤부터는 허리 부상을 왜 당했는지에 대한 원인 분석에 들어갔다. 어떤 병의 정확한 원인을 찾는 일은 매우 어려운 것이다. 누구나 한 번쯤 병원에 간 경험이 있을 테니 그 때의 기억을 떠올려보자. 보통은 정확한 원인을 알 수 없기에 일단 그 통증을 제거하는 진통제를 처방한다. 그리고 그 통증이 사라지고 시간이 경과되면 몸은 자연치유의 능력이 있기에 그 병이 제거된다. 하지만 근본적인 발생 원인을 모르기에 그 병은 언제 또 재발할지 모르는 것이다.

나의 첫 번째 추측은 내 뻣뻣한 몸이 그 원인일 것이라고 생각했다. 사실 유연성은 너무나 광범위해서 결론적으로 이 원인이 맞긴했다. 아무튼 내 뻣뻣한 몸을 유연하게 만들어야겠다는 생각을 하고 나서 유연성에 관한 공부를 참 많이 했다. 참 다행인 것은 내가 공부를 시작할 당시 국내외에서 이미 유연성과 가동성에 대한 강의나 자료가 많았다. 그리고 그 공통된 주장은 "Length is Strength" 그리고 "Strength is Length"였다. 길이는 힘이고 힘은 길이라는 말로 결국 유연성은 힘과 같다는 말로 해석이 된다. 좀 더 쉽게 설명하자면, 흔히 허리를 숙여서 손으로 발끝을 닿지 못한다면 햄스트링이 뻣뻣하다고 표현한다. 그래서 이럴 경우 햄스트링을 늘릴려고 스트레칭을 한다. 하지만 이렇게도 생각할 수 있지 않은가? '햄스트링이 늘어나기에 내 몸통이 너무 무거워서 햄스트링이 더 이상 늘어나지 않으려고 한다.' 즉 나의 햄스트링 힘이 더 강했더라면, 나는 쉽게 발끝에 손을 닿을 수 있지 않았을까?

유연성은 영어로 flexibility라고 하는데, flex는 '구부리다'라는 뜻으로 관절을 구부리는 것을 의미한다. 즉 관절을 구부리는 능력이 유연성이다. 관절을 구부리는건 결국 근육이고 유연성은 힘과 떼려야 뗄 수 없는 관계에 놓여지게 된다. 팔을 구부리고 펴면 팔꿈치를 축으로 전완이 움직인다. 이때 이 전완을 움직이는 것은 이두와 삼두의 수축과 이완이다. 그리고 이것 또한 관절이 구부러지는 것이기 때문에 유연성이라고 표현할 수 있는데, 팔을 접고 펴는 동작이 어려운 사람은 없다. 즉 팔을 접고 펴는 유연성이 부족한 사람은 보기 드물다. 그런데 이번에는 손에 30kg짜리 덤벨을 하나 들었다고 생각해 보자. 나는 아까처럼 팔을 자유롭게 접고 펼 수 있을까? 당연히 아니다. 그렇다면 나는 유연성이 없는 것일까? 아니다 힘이 없는 것이다. 이제는 이해가 되었으리라 생각한다. 우리는 햄스트링이 뻣뻣해서 발끝을 손으로 닿지 못할 수도 있지만, 사실은 햄스트링의 힘이 부족해서 발끝을 손으로 닿지 못하는 것일수도.

그렇다면 다음 이어지는 질문은 어떻게 유연성을 증가시킬 수 있느냐이다. 유연성의 증가 원리는 정확하게 근비대 또는 스트렝스의 증가 원리와 같다. 적절한 부하를 주면 거기에 적응을 하게되고 너무 과하거나 약한 자극은 적응으로 이어지지 못한다. 근육 훈련을 생각해보자. 적절한 자극을 주어야 근육이 자라지, 너무 약한 강도의 운동은 근육에 데미지를 주지 못하고 너무 강한 강도의 운동은 근육을 파괴 시켜버린다. 그렇기에 적절한 강도가 중요하다. 너무 강한 강도의 스트레칭의 예를 들어보자면, 어릴 때 태권도 도장에 가면(**지금은 안그럴거라 믿는다**) 다리 찢기가 안되면 억지로 다리를 찢곤했다. 그때 생각해 보면 너무 강한 자극이 들어와 버려서 한동안 오히려 다리를 못 움직일 정도로 다리의 유연성이 감소한다. 그렇기에 이 적절한 강도의 유연성 훈련이 중요한데, 지금부터 진짜 유연성이 무엇인지, 그리고 어떻게 유연성을 늘리는지에 대해서 설명을 하도록 하겠다.

📁 사진자료 1

▶ 영상바로가기

그림1 팔을 펴는 것도 유연성이다.

그림2 처럼 무거운 무게를 들면 유연성이 감소한다.

그림3 햄스트링이 뻣뻣한 것이 아니라 햄스트링에 힘이 없는 것일 수도 있다.

▌ 근육은 고무줄이 아니다

우선 근육은 고무줄이 아니다. 근육을 고무줄이라고 생각을 하게 된다면 그 고무줄을 늘리는데 집중을 하게 될 것이다. 그래서 우리가 아는 스트레칭은 대부분 근육을 강하게 더 늘리려고만 한다. 하지만 그런 식으로 스트레칭을 해보면 우리 근육은 더 이상 늘어나지 않으려 하고, 오히려 강하게 수축하게 된다. 그래서 스트레칭은 고통스럽고 힘든 것이라고 인식이 생기게 되고, 그 결과 스트레칭을 기피하게 된다. 명확히 말해두지만 이제부터는 스트레칭은 고무줄을 늘리는 행위가 절대로 아니다. 스트레칭은 근육이 긴 길이에 적응을 하게 하는 행위이다. "적응"이 단어가 조금 생소할 수 있지만 사실 우리가 하는 그 어떤 운동도 적응에 해당 된다. 가령 힘이 세지고 싶어서 무거운 물체를 드는 행위는 무거운 무게에 대해서 적응을 하는 것이고, 체중을 감소하기 위해서 칼로리 섭취를 낮추는 일은 더 낮은 칼로리로 생활하는 것에 대한 적응을 하는 것이다. 그래서 스트레칭도 '근육이 더 긴 길이에 적응을 하는 것이다' 라고 생각을 하는 것이 가장 바람직하다. 그리고 그 적응을 하는 방법은 근육이 고무줄이 아니기 때문에 늘리는 것이 아니라 잠금 해제를 해줘야 한다.

무슨 말인지 조금 더 구체적으로 설명해 보겠다. 우리가 움직이는 모든 신호는 뇌에서 생성된다. 그렇기에 뇌는 절대로 내가 위험한 행동을 하지 않게 철저히 내 몸을 보호한다. 그래서 근육을 일정 길이 이상으로 늘리려고 하면 내 뇌는 보호 모드를 발동시킨다. "더 이상 가면 다칠 것 같으니 거기까지만 움직여라"라고 하면서 근육을 수축시킨다. 그리고 이것을 신전반사(stretch-reflex)라고 한다. 그래서 사실 우리는 근육의 길이가 짧아서 뻣뻣한 게 아니라, 내가 해당 범위에 적응 또는 경험을 해본 적이 없어서 내 뇌에서는 "위험"이라고 판단을 하고, 그 범위로 못 가게 잠금을 걸어버리는 것이다. 그렇기에 우리는 이 잠금을 해제하고 새로운 범위를 경험하고 적응하는 것을 유연성 훈련 또는 스트레칭이라고 생각을 하는게 맞다. 사실 그렇기 때문에 근력 운동은 유연성 증가로 이어진다. 내가 점점 힘이 세질

수록 더 넓은 범위에서 다치지 않는다고 뇌는 판단하기에 그 범위를 확장시켜준다. 그래서 실제로 근육량이 엄청 많은 보디빌더들은 뻣뻣할 것 같지만, 다리를 쉽게 찢을 만큼 유연한 보디빌더들도 많다. 물론 단순한 웨이트 트레이닝이 유연성 그 자체를 증가시켜 주는 것은 조금 힘들기 때문에, 유연성을 증가시키는 방법을 설명해 보도록 하겠다.

▌3가지 스트레칭

스트레칭의 종류는 정말 다양하나 크게 3가지로 분류할 수 있다(내가 지어낸 것도 있다).

첫 번째, passive 스트레칭. 우리가 하는 일반적인 스트레칭이다. 벽에 기대어 팔을 늘리거나, 손으로 목을 늘리거나 허리를 숙이는 동작 등 대부분의 스트레칭은 여기에 해당된다. 이 스트레칭은 수동적으로 이루어지고 누구나 할 수 있고 편하다는 장점이 있다. 하지만 더 긴 범위로 적응이 가능하긴 하나, 내 스스로 경험한 것이 아니라 수동적으로 경험한 것이기에 우리의 뇌는 이 범위를 안전하다는 판단을 하기가 어렵다. 그래서 효과가 조금 떨어진다는 단점도 있고, 운동 전에 하게 되면 운동의 퍼포먼스를 감소시킨다는 단점도 있다. 장단점이 명확한 방법이기에 나쁘다고도 좋다고도 할 수 없는 방법이라고 생각한다. 개인적으로는 패시브 스트레칭을 더 긴 범위의 적응을 위해서 사용하기 보다는 근육 회복을 위해서 혈류를 더 긴 범위로 보내준다는 생각으로 사용하는 편이다. 그래서 운동을 끝내고 간단히 하거나, 아니면 아예 쉬는 날 편안하게 휴식한다는 생각으로 수동적 스트레칭을 많이 한다.

두 번째, Unlock 스트레칭. 일명 잠금해제 스트레칭(내가 지은 이름이다)이다. 이 스트레칭을 다양한 이름으로 부르는데, isometric 스트레칭, pnf스트레칭, MET, kinstretch 등등 각 협회에서 부르는 이름이 다양하다. 나는 그냥 독자들이 쉽게 이해하기 위해서 잠금해제 스트레칭이라고 하겠다. 이 스트레칭은 뇌에게 새로운 범위가 안전하다고 말하고 뇌로부터 잠금해제를 받는 스트레칭법이다. 근육이 더 긴 길이에서 적응을 하기 위해서 우선 passive 스트레칭으로 내가 잠금이 걸릴 때까지 근육을 늘린다. 그 후 더 이상 근육을 늘리려고 하지 말고 근육이 늘어난 상태에서 수축을 하려고 힘을 주는 것이다. 목 스트레칭으로 예를 들어보겠다. 손으로 목을 늘려보자. 이때 목에는 힘이 없는 상태이고, 손으로 밀어서 더 이상 갈 수 없는 즉 잠금이 걸리는 범위까지 간다. 이것이 패시브 스트레칭이다. 그 후 손은 그 방향 그대로 미는 힘을 유지하고 머리는 손을 저항하는 윗 방향으로 힘을 주는 것이다. √ 사진자료 2 참고

이것을 잠금해제 스트레칭이라고 부르는데, 이때 우리의 뇌에게는 이런 신호가 입력된다. "이렇게 늘어난 범위에서도 저는 힘을 쓸 수 있어요. 그러니 이제 안전하다고 생각하세요. 잠금 해제를 부탁드립니다." 그럼 뇌는 안전하다고 판단을 하게 되어서 아주 살짝 잠금 해제를 해주게 된다. 그래서 이런 스트레칭은 실제로 움직임의 변화가 없는 정적 스트레칭이라서 isometric 스트레칭이라고 부르기도 한다. 잠금 해제 스트레칭은 통증이 적고 효과가 좋다. 하지만 원리를 정확하게 이해하지 못하면 좀 복잡한 스트레칭이 된다. 쉽게 한번 더 정리하자면 근육을 수동적으로 늘리고 반대방향으로 수축을 하는데, 못 움직이게 막아놓고 움직임 없이 정적 수축을 하는 것이다.

세 번째, active 스트레칭. 근육을 늘린다는 생각보다 움직여준다는 생각을 하는 스트레칭이고, 사실은 근력 훈련에 가까워서 초보자들은 운동이라는 느낌을 받는다. 하지만 퍼포먼스로의 전환율이 높은 방법으로 보통 워밍업으로 많이 사용되거나, 그 원리를 잘 이해한다면 근력운동을 스트레칭처럼 해줄 수 있는 방법이다. 가령 목을 늘리기 위해서 손으로 목을 움직였다면, 이번에는 스스로의 힘으로 고개를 아래로 내리는 것이다. 그러니까, 목의 뒤편 근육을 수축시켜서 목의 앞쪽 근육을 늘려주는 방법이다.

쉽게 말해서 삼두 운동은 이두근의 액티브 스트레칭이고, 이두 운동은 삼두근의 액티브 스트레칭이다.

목 패시브 스트레칭 & 잠금해제 스트레칭

그림1 손으로 목 근육을 수동적으로 늘려주는 스트레칭

그림2 수동적으로 늘어난 상태에서 순간 목을 반대방향으로
저항하는 힘을 주어 목 근육의 잠금을 해제하는 스트레칭

그림3 목을 스스로 아래로 내리는 액티브 스트레칭

📁 **사진자료 3**

▶ 영상바로가기

그림1 햄스트링 수동적 스트레칭, 그림2 햄스트링 잠금해제, 그림3 햄스트링 액티브

그림1 상체로 햄스트링을 누르면서 허리가 굽어지지 않는 선에서 햄스트링을 늘린다.

그림2 햄스트링이 늘어난 상태에서, 다리를 아래방향으로 힘을 준다.

그림3 상체를 움직이지 말고, 다리를 땅에서 띄우려고 노력한다.

우리가 늘상 많이 하는 햄스트링 스트레칭으로 위의 3가지 스트레칭을 다시 한번 이야기 해보도록 하겠다. 우선, 수동적으로 햄스트링을 늘리기 위해서 사진자료 3의 **그림1** 과 같은 자세를 취한다. **그림1** 은 나의 체중으로 햄스트링을 늘린 수동적인 스트레칭이다. 이때 햄스트링은 내 체중에 의해서 잠금이 걸리기 직전까지 늘어나는 상태가 된다. 이렇게 10초 정도 머무른다. 그 다음 이 상태에서 햄스트링을 수축시키는 것이 잠금해제 스트레칭인데, 발로 땅을 민다고 생각하면 햄스트링에 힘이 잔뜩 들어가는 것이 느껴질 것이다. 땅을 미는 힘을 10초간 유지한다. **그림2** 의 힘 방향을 잘 참고해라. 그리고 마지막 액티브 스트레칭인데 내 스스로 다리를 땅에서 띄우려고 하는 것이다. 허벅지 앞쪽 근육을 수축시켜서 뒤쪽 근육을 늘리는 방법이다. **그림3** 의 힘의 방향을 참고해라. 10초 동안 땅에서 다리를 띄우려고 힘을 써라. 이때 우리가 움직이고자 하는 부위는 다리이므로, 허리가 움직이지 않도록 주의해야 한다. 우리 몸은 모두 연결이 되어 있어서 내 다리가 잘 움직이지 않는다면 허리가 움직이려고 할 것이다.

이제 우리는 스트레칭이 무엇을 하는 행위인지, 근육이 어떻게 잠금해제가 되는지 이해를 했다. 그래서 사실 통상적으로 우리가 하던 스트레칭은 아예 효과가 없었던 것은 아니지만, 매우 비효율적인 스트레칭이었고 실질적인 근력 증가로 이어지지 않았기 때문에 운동으로의 전이가 어려웠다. 그래서 근래에 잠금해제 스트레칭을 이용한 다양한 스트레칭 법들이 생겨나기 시작했고, 어렵기만 했던 유연성 훈련들의 실마리가 많이 풀리기 시작했다. 잠금 해제를 이용한 훈련법들은 운동 부분에서 조금 더 자세히 다루도록 하겠다.

아무도 알려주지 않은 통증의 근본적인 원인

처음엔 막연히 유연하지 못한 내 몸이 통증을 유발했다고 생각을 했다. 그러나 그 이외에도 내 몸을 아프게 했던 이유를 몇 가지 발견했다. 아주 사소한 것 같지만 어쩌면 가장 본질적인 이유일 수도 있는 것들을 이야기해 보도록 하겠다.

▌ 과체중

생각해 보면 나는 정상체중 범위에 들어와 본 기억이 없다. 비만율을 나타내는 BMI는 근육량을 포함할 수 없다는 한계를 지니고 있지만, 초등학교 3학년 이후로 쭉 비만이었던 나는 현재도 과체중이다. 코로나의 영향인지 모르겠지만, 2019년 국민건강보험공단의 발표에 따르면 한국인의 비만율은(BMI25이상) 36.2%로 나타났다. 한국 성인 3명중 1명은 비만이다.

체중이 무거워지면 사람의 허리가 받는 하중은 더 높아진다. 척추라는 구조물은 우리몸의 약 60%를 지탱하고 있다. 70kg인 성인 남성이라면 약 42kg 정도를 척추가 버티고 있다. 이 남성이 80kg가 된다면 48kg 정도의 하중을 버텨야 한다. 무려 6kg나 증가하는 것이다. 그래서 실제로 2005년 영국 디즈시이드대학에서 발표한 자료에 따르면 뚱뚱한 사람은 날씬한 사람에 비해 허리통증을 발생할 확률이 15%나 높다고 했다. 또한 2014년 홍콩대학 사마지스 연구팀에서는 체질량지수가 척추 디스크에 미치는 영향을 연구했는데, 정상 체중일 때를 1.00이라 봤을 때 저체중은 0.71, 과체중은 1.26, 비만은 1.78의 확률로 퇴행성 디스크에 걸릴 확률이 올라간다고 발표했다. 이제 내가 무슨 말을 하고 싶은지 충분히 이해했으리라 믿는다. 이미 체중이 많이 나간다는 사실 자체가 몸에는 지속적으로 데미지를 주고 있었던 것이다.

체중 감량 없이 허리 통증을 잡기 위해서 허리 주변에 어떤 치료를 하는 행위는 큰 의미가 없을 수도 있다. 단순히 통증 완화를 해줄 뿐이다. 근본적인 해결을 위해서라면 체중 감량부터 들어가야 한다. 허리가 받는 부하 자체를 우선 줄여주고 시작을 해야한다. 그렇지 않다면 이 지긋지긋한 허리 통증에서는 벗어나기가 정말 힘들 것이다.

▌걷기

헬스장에서 운동을 충분히 한다는 이유로 잘 걷지 않았으며, 뛰었던 건 군대에서 말고는 기억이 나지 않는다. 건강하게 운동을 하기 위해서 우리가 반드시 가져야 할 습관은 "걷기"이다.

2021년 한 국제 연구팀은 6개의 연구로부터 흥미로운 결과를 제시했다. 11~12시간 앉아서 하루를 보낸다면 운동을 하더라도 조기 사망 위험을 줄여주지 않는다고 했다. 즉 헬스장에서 운동을 하고 나머지 대부분의 시간을 앉아서 보내는 것은 건강적인 측면에서는 좋지 않다는 것이다.

실제로 공부를 열심히 하던 대학 시절에는 헬스장에서 보내는 3시간 정도를 제외하고는 대부분의 시간을 앉아서 보냈다. 그러다 보니 자연스레 걷는 시간이 줄어들었고 그로 인해 몸은 점점 앉은 자세에 익숙해지게 되었다. 즉 앉은 자세에 적응을 해버린 것이다. 늘 90도로 앉아있다 보니, 몸은 180도로 서는 것보다 90도로 구부러져있는 것에 더 익숙했다. 그 결과 운동을 할 때 180도로 펴져야 할 몸이 180도로 못펴지는 경우가 많았고 알게 모르게 그렇게 계속 내 몸에 데미지를 주었던 것 같다. 실제로 별로 무리하게 운동을 하지 않아도 오랜 시간 책상에 앉아 있다가 일어나면 허리가 엄청 아픈 경우가 많았다.

2020년에 실시된 연구에서는 4000걸음을 걷는 사람보다 8000걸음을 걷는 사람은 모든 원인에 대한 51% 낮은 사망 위험률을 보였고, 12,000걸음을 걷는 사람은 65% 낮은 사망 위험율을 보였다. 그러므로 우리는 하루 최소 8,000에서 12,000 걸음을 걸을 수 있도록 노력해야 한다. 보통 우리는 10분에 1000보 정도 걷는다고 하니, 생각보다 꽤나 많은 시간을 걸어야 한다. 하지만 일상생활에 걷기를 녹여낸다면 그렇게 어렵지 않다.

내가 추천하는 방법은 다음과 같다.

> ✓ 점심 or 저녁을 먹고 가벼운 산책하기
> ✓ 대중교통 이용 시 한 정거장 앞에 내려서 걷기
> ✓ 엘리베이터 대신 계단 이용하기
> ✓ 아침에 눈 뜨자마자 가볍게 걷기

걷기의 중요성을 강조하기 위해서 걸을 때 나타나는 이점들을 몇 가지 설명해 보겠다.

1 구조개선

걷는 행위만으로도 우리 몸은 구조의 개선이 일어난다. NFL 쿼터백들도 심지어 운동을 하기 전에 20분 가량 걷기가 루틴에 포함되어 있다. 앉은 자세로부터 짧아졌던 근육들을 가장 간단하게 늘려주는 방법이다. 걷기는 우리의 생체역학 밸런스를 원래대로 돌려주는 중요한 도구이다.

2 강한 발

발에는 28개의 뼈, 30개의 관절, 그리고 100개가 넘는 근육과 건과 인대로 이루어져있다. 걸음을 걸음으로써 발은 수축과 이완을 반복하게 되고 그 결과 발은 건강하고 유연해진다. 조금 덧붙이자면 걸음을 걸을 때 얇은 신발, 또는 딱딱한 신발을 신는 것을 추천한다. 너무 푹신한 신발은 발이 움직일 기회를 막는다.

3 수면

걷기는 질 높은 수면에 도움을 준다. 미국에서는 군인들이 불면증을 겪는다면 "10,000~15,000"보의 걸음을 처방한다. 당연히 걸음은 사람을 피곤하게 만들지만 그 뿐 아니라 우울감과 불안감을 감소시켜 주는 역할도 한다.

허리디스크가 터지고 난 이후로 78kg 정도를 유지하던 평균 체중을 72kg 정도로 유지하고 있다. 그리고 현재 나는 하루에 최소 30분 이상을 걸으려 노력한다. 30분을 한 번에 걷지 못하는 날은 10분씩 쪼개서라도 걷기를 하는데, 그러다 보니 자연스레 앉아있는 시간이 줄어들게 된다. 또한 정 걸을 시간이 없는 날에는 서서 일을 하거나 사무실을 배회하며 일을 하기도 한다. 그 결과 현재는 정말로 허리가 아픈 날이 기억이 나지 않을 정도로 건강한 나날을 보내고 있다.

우리는 왜 아픈가?(통증)

운동을 하는 사람들은 늘 아프다. 아이러니하게 건강하려고 하는 운동은 늘 통증을 유발한다. 그런데 우리는 그 통증이 무엇인지 해석하려 하지 않고 무시하던지, 진통제로 덮어버린다. 통증은 과연 무엇일까?

통증은 변화에 대한 요구이다. 뇌는 내 몸으로부터 신호(input)를 받는다. 그 정보를 위협인지 아닌지 해석을 하고, 부정적이라고 판단이 된다면 나에게 다른 것을 하라는 메세지를 보낸다. 그것이 바로 통증이다. 통증은 무언가가 잘못되었다고 알려주는 신호이고 우리는 그 신호에 반응을 해야 한다. 응급실을 가야 할 정도의 위급한 상황을 제외하고 우리가 일상에서 마주하는 근골격계 통증(musculoskeletal pain)은 심각한 부상이라기 보다는 우리의 현대 삶에 대한 우리 몸의 반응이라고 보는 것이 더 맞다(**무릎 통증, 허리통증, 어깨 통증 등등**). 그리고 그 반응은 우리에게 어떤 변화를 요구하는 것이다. 가령 스쿼트를 하다가 허리가 아프다는 통증은 내 몸이 나에게 자세가 잘못되었다고 알려주는 신호이다. 그러면 우리는 그 신호에 반응하여 자세를 수정하면 된다. 그런데 우리는 통증이 무엇인지 잘 모르기에 그 요구를 듣지 않고 오히려 반응을 pain killer, 진통제를 통해서 그 신호를 묵살시켜버린다.

우리가 일상 생활에서 느끼는 통증을 누가 수면의 부족, 움직임의 부족, 가동 범위의 부족이라고 말해줄까? 대부분은 "거북목 치료를 받으셔야 된다. 목 디스크에 걸렸다. 염증 치료를 해야 한다. 근육 이완제를 먹어야 한다." 등의 통증을 약으로 덮으려고 한다. 하지만 우리가 반드시 기억해야 할 것은 우리 몸은 놀라운 자가 치유 능력을 가졌다는 것이다. 어렸을 때 넘어져서 무릎이 까져 피를 철철 흘리고 집에 돌아온 기억이 한 번씩 있지 않은가? 지금은 그 무릎이 아프다는 생각조차 나지 않고 까진 흔적도 거의 보이지 않는다. 우리는 우리 몸에 귀를 잘 기울인다면 반드시 스스로 재생할 수 있다.

운동을 하다 보면 손목이 아프다. 그럼 손목 보호대를 찾는다. 무릎이 아프다. 무릎 보호대를 찾는다. 뭔가 이건 잘못된 방향이다. 통증은 분명 나에게 어떤 자세가 잘못되었음을 알려주는 것인데, 그것에 대한 고민없이 보호대로 통증을 가려버리면, 더 큰 통증이 찾아오게 될 것이다. 그렇기에 운동을 하는 과정에서 발생하는 통증에는 항상 귀를 잘 기울여야 하고, 이것은 그 누구도 대신 해줄 수 없는 과정이다. 나만 알 수 있고, 내가 얼마나 민감하게 반응하느냐에 따라서 크게 이어졌을 부상이 초기에 작은 통증으로 끝날 수 있다.

우리 몸에 통증이 발생하면 통증이 발생한 부위에 문제가 있는 경우보다는 그 위 또는 아래의 부분이 문제가 생긴 경우가 더 많다. 무릎 통증을 예로 들어보자면 그 주변에 있는 대퇴사두근, 대퇴이두근, 또는 종아리 근육이 타이트해져서 무릎이 아픈 경우가 많다. 허리 통증도 비슷한데, 허리 주변의 허벅지 근육 또는 엉덩이 근육이 타이트해져서 그 보상으로 허리가 아프다.

우리 몸은 전부 연결이 되어 있기에 한 부위가 잘못되면 다른 부위에 영향을 미친다. 그래서 허리가 아프다고 허리만 열심히 치료를 하면 사실 그 근본 원인을 못 찾을 가능성이 크다. 그래서 우리는 항상 어떤 곳이 아프면 그 부위의 위 또는 아래를 눈여겨보고 그 부위를 먼저 치료해 볼 필요가 있다. 치료라는 거창한 말을 썼지만 그냥 눌러보는 것 또는 폼롤러를 해보는 것으로도 쉽게 통증은 완화가 될 가능성이 크다.

무릎이 아프다면 무릎 주변의 근육들을 폼롤러로 마사지를 해보자. 어깨가 아프면 어깨 주변인 가슴, 등, 목 근육을 마사지를 해보자. 그리고 폼롤러로 단순히 위아래로만 문지르지 말고 옆으로 비비기도 해보자. 그리고 누르다가 많이 아픈 부위를 찾으면 그곳의 통증이 완화될 때까지 2분 정도 기다려 보자! 또한 근막 이완 기술 중 "contract/relax"라는 기술이 있는데, 허벅지에 폼롤러를 한다면 한 곳에 머무른채로 허벅지 근육을 수축시켰다가 힘을 풀었다가를 반복해 보자. 또는 허벅지 근육에 폼롤러를 두고 다리를 접었다, 폈다 막 움직여보아라. 그렇게 하면 훨씬 더 근육은 빨리 제 기능을 찾을 것이다.

운동을 하면 왜 허리나 무릎이 아플까?

📷 37page

스쿼트나 데드리프트에서 많은 사람들이 허리 통증을 느낀다. 그래서 이내 무겁게 운동하는 것은 우리 신체에 부담을 주기 때문에 위험한 운동이라는 인식을 가지게 된다. 나 역시도 스쿼트나 데드리프트를 즐겨 했지만 늘 긴장되는 운동이었다.

스쿼트를 예로 들어서 허리가 아픈 진짜 이유를 한번 설명해 보겠다. squat를 사전에서 찾아보면 쪼그려 앉기라는 뜻이다. 이 움직임은 인간의 가장 본능적이고 기본적인 움직임인데 왜 사람들의 허리를 아프게 하는 걸까?

▌ 정말 무거운 무게 그 자체가 문제일까?

74~85kg의 성인 남성 몸무게 기준 스쿼트 세계 신기록을 찾아보면 280~320kg 정도로 체중의 약 4배 정도이다. 하지만 이 책의 독자를 포함한 나 같은 일반인들은 무겁게 들면 몸무게 2배에서 3배정도를 들것이다. 이런 수치를 놓고 보면 절대적인 무게 자체가 인간의 신체에 위험하진 않은 것 같다.

앞서도 말했듯이, 통증은 뭔가 잘못되었다는 신호이다. 즉, 간단히 말해서 우리가 우리 몸을 잘못 사용하고 있기에 통증을 느끼는 것이다. 그럼 뭘 도대체 어떻게 잘못 사용하는 것일까?

▌ 과사용이 통증의 주범이다.

걸음을 걷는 것을 생각해 보자. 걸음을 걸을 때 통증을 느끼는 사람은 많지 않다. 하지만 걸을 때 허리가 아프다는 사람들이 종종 존재를 한다. 사람은 한 걸음을 걷기 위해서 발가락부터 시작해서, 무릎, 고관절, 그리고 심지어 상체의 흉추까지 사용을 해서 걸음을 걷는다.

정상 보행 vs 신전이 안 될때 보행 시 허리의 구조적 신전

그림1 정상 보행에서는 모든 관절이 조화롭게 움직인다.

그림2 고관절 신전이 제한되면 그 범위를 허리가 보상을 하기에 허리의 과사용으로 이어진다.

그렇기에 걸음은 힘들지 않은 동작이다. 그러나 어떤 사람들은 허벅지 뼈가 몸 뒤로 넘어가는 고관절 신전이라는 동작이 잘 나오지 않아서 계속 허리가 뒤로 꺾이는 신전 현상이 발생되면서 허리의 과사용을 유발한다. 그렇기 때문에 어떤 사람들은 걸음을 걷기만 해도 허리가 아픈 것이다. 그래서 결론은 '걸음은 위험한 운동이니 하지 말아야 한다'고 내리는 것은 논리적이지 않아 보인다. 그렇지 않은가?

다시 스쿼트 이야기로 돌아와서, 스쿼트 또한 어떤 관절을 과사용 할 경우 통증이 생긴다. 마찬가지로 허리가 역시 과사용되는 희생양인데, 발목과 고관절을 잘 사용하지 않는 현대인이 "쪼그려 앉기"라는 관절 사용이 많은 운동을 하게 되면 하체에서만 일어나야 하는 움직임이 상체에까지 옮겨가게 되어서 허리가 중간에서 굽혀졌다 펴졌다를 반복하게 된다. 그로 인해서 허리는 과사용 되고 우리는 통증이라는 것을 느끼게 된다.

신발을 묶을 때 허리를 꼿꼿이 펴는 사람은 아무도 없을 것이다. 인간의 허리는 굽어져도 괜찮고 펴져도 괜찮다. 다만 너무 많이 굽어진 상태를 유지하는 것 또는 반대로 너무 많이 펴져있는 것을 유지하는 것이 과사용으로 이어지고 그로 인해서 우리는 통증을 느낀다. 그래서 내가 운동을 하는데 있어서 어떤 부위에 통증을 느낀다면, 사실은 그 위아래에 있는 관절들이 일을 잘 안하고 있을 가능성이 크다. 대표적으로 무릎이 아픈 사람들은 사실 무릎이 문제가 아니라 그 위의 고관절, 그리고 그 아래의 발목이 문제인 경우가 대다수이다. 통증을 느끼는 부분이 있다면 그 위아래가 잘 움직이는지 한번 눈여겨 보도록 하자.

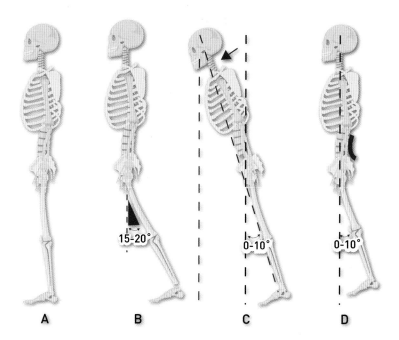

15-20°   0-10°   0-10°

A   B   C   D

• A~B : 정상적인 보행에서는 다리가 몸 뒤로 움직인다.
• C~D : 다리가 뒤로 잘 움직이지 않는다면, 그만큼 허리가 뒤로 꺾이게 된다.

책에는 나오지 않는 허리를 보호하는 법　📷 41page

　　패션에도 유행이 있듯, 운동에도 유행이 있다. 생각해 보면 예전에는 헬스장에 G.X 수업이라고 해서 group exercise가 참 많았던 것 같다. 그러다가 스피닝이 한참 유행하던 때도 있었고, 스쿼시가 유행하던 적도 있었다. 이처럼 운동에 유행이 있듯이 운동 이론에도 유행이 있다. 좀 더 구체적으로 말해보자면 운동에도 새로운 발견이 점점 생겨나기 때문에 그것을 주장하는 사람들이 생겨나고 그 이론이 대중의 호응을 얻으면 그것이 유행이 된다.

2020년 10월쯤 유튜브에 "knee over toes guy"라는 채널의 Ben Patrick이 등장한다. 채널명에서도 알 수 있듯이 무릎이 발끝을 넘는 것을 주장하는 사람이다. 물론 이미 정보가 넘쳐나는 이 시대에 스쿼트 할 때 무릎이 발끝을 넘어도 괜찮다는 사실은 이미 많이 퍼져있었다. 하지만 그의 주장은 그것을 넘어서 무릎이 아프면 더 무릎을 구부려야 한다는 것이었다. 농구 선수였던 그는 무릎 수술 후, 자신의 재활을 위해서 운동을 연구하게 된다. 나에게 그의 주장은 꽤나 신선했는데 조금 더 자세히 들여다보자.

우리가 무릎이 아픈 이유는 뭘까?(가장 대중적인 슬개건염을 이야기한다) 그 이유는 단순하다. 무릎을 많이 구부리는 일이 없다 보니, 무릎 주변의 허벅지 근육의 불균형 또는 비활성화로 인해서 무릎 주변의 건과 인대에 염증이 쌓이는 것이다. 그리고 그 주범은 내측광근이라 불리는 안쪽 허벅지이다. 그래서 무릎 통증을 줄이려면 내측광근을 활성화 시켜야 하는데, 내측광근은 무릎을 많이 구부릴 때 활성화가 된다. 정리해 보자면 무릎이 아플수록 무릎을 많이 구부리는 운동을 해서 허벅지 근육을 강화시켜야 하는 것이다.

무릎 이야기를 한 이유는 허리를 이야기하기 위해서이다. 그렇다면 허리가 아픈 이유는 뭘까? 답을 알지 않겠는가? 허리를 많이 사용하지 않아서 허리 주변부 근육들이 약해졌고 그로 인해서 허리가 아픈 것이다. 물론 모든 것은 문맥이 있어야 한다. 일반적으로 허리의 구조적 이상이 없다고 가정할 때 허리가 아픈 이유는 그렇다는 것이다. 이 챕터에서 허리디스크 이야기까지 하면 너무나 복잡해지기 때문에 디스크의 이야기는 생략하도록 하겠다.

'허리를 보호하기 위해서 코어 근육을 강화해야 한다'라는 말을 들어 본적이 있는가? 허리의 사용을 막기 위해서 허리를 둘러 싸고 있는 근육을 강화시켜야 한다는 것이다. 이것은 knee over toes guy가 나오기 전에 운동의 트렌드였다. 그래서 허리가 아픈 사람들은 플랭크 같은 복근 운동이나 브릿지 같은 운동들을 많이 했었다. 그러나 요즘 트렌드는 허리를 구부리는 운동을 시키는 것이다. 이것도 사실 좀 더 정확한 표현이 필요한데, 고관절의 기능

📁 사진자료 5

백익스텐션 / 사이드 밴딩

그림1 허리 주변의 근육을 수축시킬 수 있는 동작

그림2 옆구리 근육을 늘려주고 수축시킬 수 있는 동작

이 충분하다는 가정하에 허리를 구부리기도 하고 펴기도 하는 운동을 통해서, 허리를 움직이기 위해 직접적으로 관여하는 근육들이 강화가 되면 허리의 통증이 사라진다.

다소 이 이야기는 충격적으로 들릴 것이라 생각된다. 대한민국에서 허리와 관련된 가장 많이 팔린 책을 찾아보면 단연코 '백년허리'인데 그 책에서는 허리를 구부리는 행위는 절대 하면 안되고 허리를 뒤로 펴는 신전만 할 것을 강조한다. 나도 그렇게 철저히 믿고 있을 때가 있었고 허리를 구부리지 않기 위해서 더 강력하게 코어 운동을 많이 했었다. 그 결과 나는 정말 뻣뻣하고 강력한 코어를 얻어서 허리가 아프지 않았지만, 신발끈을 묶기 위해 허리를 숙이기가 힘들었고 가끔 집안일 한다고 걸레질을 하면 허리가 아프기 시작했다. 그러다가 허리를 많이 움직이지 않아서 허리가 아프다라는 소리를 듣고 처음엔 '뭐래?'라는 반감부터 들었다.

나의 의식 속 깊게 자리 잡은 '허리는 구부리면 위험하다'라는 지식이 새로운 지식을 완전히 거부했기 때문이다. 그런데 생각해 보니 허리를 직접적으로 트레이닝하는 운동을 하지 않기는 했었다. 허리를 사용하는 데드리프트나 스쿼트를 많이 하긴 하지만, 직접적으로 허리 주변 근육의 길이 변화를 일으키지는 않는 동작들이기 때문이다. 그래서 백 익스텐션이라도 한번 해보자 하고 허리 운동을 하기 시작했다. 그리고 백익스텐션에서 옆으로 사이드 밴딩도 같이 겸해서 운동을 했다. 참고로 사이드 밴딩은 QL이라 불리는 요방형근을 강화시켜준다. 그렇게 허리 주변 근육들을 직접 늘리고 무게도 싣고 하면서 트레이닝을 하다보니 허리가 훨씬 더 가벼워진 느낌이었다. 항상 아침에 일어나면 허리가 뻣뻣했는데, 그런 느낌이 많이 사라졌고 허리가 부드럽다는 생각이 들었다.

생각해 보니 당연한 일이었다. 나는 이미 스트레칭의 원리에서 결국 근육이 약해서 늘어나지 않는 것이라고 깨달아 놓고 이것을 허리에는 적용시키지 못했던 것이다. 내 허리 근육이 약하니 불안함을 느낀다. 그로 인해서 점점 더 굳어서 움직임을 제한시키고 그 결과 내 몸통의 움직임은 제한되니, 뻣뻣함이나 통증을 느끼게 된다. 그리고 그러한 약함을 트레이닝을 통해서 강화시켜주니 근육의 길이도 쉽게 늘어나기 시작했고 뻣뻣함이나 통증도 사라졌다. 결국 strength = length 이고 length = strength 이다.

그런데 왜 하필 스쿼트?

📷 45page

현대인들에게 스쿼트는 하체 근육을 강화시켜주는 운동으로 인식이 된다. 스쿼트를 운동으로 생각 하기에 많은 사람들이 쉽게 이 동작을 접근하지 못하는데, 스쿼트는 인간이 필수적으로 할 수 있어야 하는 움직임이다. 의자가 없다면 바닥에 어떻게 앉을 것인가? 스쿼트를 해야 한다. 좌변기가 없다면 어떻게 대변을 볼 것인가? 스쿼트를 해야한다. 갓난 아기와 바닥에서 눈을 맞추려면 어떻게 해야 하는가? 스쿼트를 해야 한다. 바닥에 떨어진 동전을 주우려면 어떻게 해야 하는가? 스쿼트를 해야 한다. 이 기본적인 움직임을 잃게 된다면 우리는 위와 같은 모든 상황에 허리를 구부려서 움직임을 만들어 낼 수 밖에 없게 된다.

스쿼트는 우리 몸의 큰 범위를 한 번에 사용할 수 있는 효과적인 동작이다. 고관절 굴곡, 외회전, 무릎의 굴곡, 그리고 발목의 배측 굴곡 등을 모두 같이 사용할 수 있는 움직임이다. 이 중 스쿼트가 허리 통증과 관련해서 도움이 되는 부분은 두 가지라고 생각한다. 첫 번째는 고관절의 굴곡이다. 스쿼트 능력이 발전하면 고관절의 굴곡이 잘 일어나게 되면서 허리 통증을 피할 수 있게 된다. 그 이유는 고관절의 굴곡이 부족하게 되면 허리를 구부릴 가능성이 매우 크기 때문이다.

예를 들어 보자. 문 앞에 와있는 택배 상자를 들려고 허리를 숙이기 시작하는데, 이때 고관절이 굴곡 되면서 상체가 숙여진다. 이 범위가 짧은 사람은 더 이상 허리가 숙여지지 않기에 허리를 구부리기 시작한다. 이때 허리에 지나치게 과도한 부하가 실리게 되고 허리에 통증이 유발된다. 참고로 고관절을 움직이는 엉덩이와 다리 근육은 신체 중에서 가장 강한 근육이다. 그렇기에 모든 부하는 다 이 근육에 실어야 다른 부위에 통증을 예방 할 수 있다.

두 번째는 발목의 움직임이다. 스쿼트는 발목을 많이 구부려야 되는 운동 중 하나이다. 발목은 우리가 밸런스를 잡게 도와주는 중요한 구조물 중 하나인데, 발목의 움직임의 범위가 큰 사람들은 설령 균형을 잃는 일이 발생하더라도, 다시 쉽게 균형을 잡는다. 반면 발목의 움직임이 어색한 사람들은 쉽게 발목을 빼고, 균형을 잃는다면 크게 허리를 다칠 가능성이 크다. 그러므로 우리는 스쿼트라는 동작을 꼭 해야한다. 현대인들에게 더 이상 스쿼트는 선택이 아닌 필수다.

나를 살린 스쿼트

▶ 영상바로가기

📁 사진자료 6

고관절 굴곡이 잘 되어 물건을 드는 경우 / 고관절 굴곡이 되지 않고 물건을 드는 경우

그림1 고관절 굴곡이 잘되면 하체로 물건을 든다.

그림2 고관절 굴곡이 안되면 상체를 구부릴 수밖에 없다.

내가 다칠 수 밖에 없었던 이유를 이제는 한번 피트니스 시장에서 원인을 찾아보려고 한다. 사실 나 뿐만 아니라 헬스장이라는 곳에 20살이 넘어서 처음 가는 대다수의 일반인들이 어쩌면 이 피트니스 시장의 구조적인 문제 때문에 '부상을 당할 수밖에 없는것 아닌가?' 라는 생각이 들었기 때문이다.

절망적인 순간

어떤 운동이던 성장하다 보면 벽에 부딪힌다. 그리고 종종 그 벽은 우리에게 좌절을 준다. 웨이트 트레이닝 뿐 아니라 다른 운동에서도 이 성장의 벽에 부딪히면 대부분 운동의 흥미를 잃고 운동을 그만두게 된다. 프로 선수들도 그러한데 일반인들은 더 그러할 것이라 예상된다.

구체적으로 예를 한번 들어보자. 어떤 사람이 스쿼트 200kg 들기라는 목표가 생겼다. 이 사람은 200kg를 들기 위해서 별안간 노력을 다해본다. 유튜브를 찾아보고, PT도 받아보고, 인터넷에 좋다는 방법은 다 해본다. 그러나 그 결과는 매번 실패로 이어졌다. 그렇다면 이 사람은 더 이상 성장의 가능성을 느끼지 못하고, 성취감이 없어져서 이 운동을 그만두고 다른 운동을 하거나 운동과 담을 쌓을 가능성이 매우 높아진다. 그렇지 않은 경우라면 무리하게 200kg를 들기 위해서 계속된 도전을 하다가 부상을 당하고, 은연 중에 이 운동은 위험하거나 특별한 사람들만 할 수 있는 운동이라는 생각을 하게 된다.

다시 한번 말하지만, 운동을 시작한 대다수는 운동 과정 중에 이러한 순간을 마주할 수밖에 없다는 것이다. 그리고 그 결과는 필연적으로 운동을 그만두거나 부상을 당하게 하는 무리한 도전으로 끝이 난다. 왜 그럴 수밖에 없을까? 우리는 '그럴 수밖에 없다'는 사실에 의문을 제기해야 한다.

강한 자만이 살아남는 피트니스 시장

피트니스 시장에 몸을 담고 있다 보니 이 시장의 구조적인 문제들을 발견하게 된다. 잠깐 다이어트 이야기를 좀 해보자면, 현대인들이 다이어트가 어려운 이유는 사실 '의지가 약해서가 아니라 시스템 자체에 문제가 있다'는 생각이 들었다. 50년 전만 해도 비만은 극히 드물었다. 1960년에서 2002년 사이에 성인 평균 몸무게가 무려 11키로가 늘었다고, 21년 1월 9일에 뉴욕타임지에 기사가 실렸었다. 유튜브의 대세 컨텐츠는 먹방이다. 사람들은 먹는 것이 스트레스를 푸는 도구이자 취미 같은 행위로 인식을 하기 시작했다. 뿐만 아니라 영양 성분이 형편 없는 정크 푸드가 훨씬 가격이 저렴하고, 반면 신선하고 영양가 높은 식품들은 너무나 비싸거나 편의성이 떨어진다. 이러한 이유 때문에 어쩌면 우리는 다이어트라는 것을 하기 어려운 시스템 속에 사는 것은 아닐까 라는 생각이 들었다.

이처럼 우리가 운동을 배우는 시스템에도 문제가 있다. 나는 뒤늦게 운동을 시작한 편이며, 운동 전공자도 아니다. 그런 내가 이 피트니스 시장에 발을 담가 보니 확연히 보이는 문제점은 "교육의 부재"였다. 영어 시험인 토익을 한번 생각해 보자. 내 토익 점수가 600점이라면, 600~700점을 올라가는 수준별 수업이 존재한다. 그리고 그 다음 단계의 수업도 있다. 반면 피트니스 시장의 교육은 어떤가? 헬스장에서 PT하는 모습을 떠올려보면 수준별 수업이 없고 그냥 획일적인 동작을 시킨다. 그래서 신체 능력이 좋은 10대와 신체 능력이 퇴화

되는 60대가 헬스장에 가도 배우게 되는 운동 과정이 매우 유사하다. 그래서 나는 이런 피트니스 시장의 교육법을 "인스턴트 교육" 이라고 칭한다. 그 이유는 일시적인 어떤 운동을 제시할 뿐, 그 이후의 성장이나 문제 해결에 대한 이야기는 하지 않기 때문이다. 그리고 이러한 인스턴트한 교육은 참 재미난 결과를 불러 일으킨다.

인스턴트 교육으로 살아남은 강자들은 소위 "트레이너"가 되고, 자신이 학습한 방법으로 고객을 가르치는 악순환을 되풀이 한다. 그렇기에 살아남지 못한 약자들을 위한 교육법은 존재하지 않으며 그러한 약자들은 부상을 당해서 운동과 담을 쌓고 사는 경우가 대다수이다.

개인의 노력이 없다면 현재 존재하는 피트니스 시장의 교육만으로는 일반인들이 부상없이 운동을 배우기 힘든 시스템이다. 평범한 우리는 어떻게 이런 시장속에서 살아남을 수 있을까?

운동 레벨 나누기 📷 50page

인스턴트한 피트니스 시장의 교육은 우리에게 이분법적인 프레임으로 운동을 바라보게 만든다. 트레이너가 하는 동작이 옳은 것이고, 그 이외에 어설프게 따라 하는 동작은 틀린 동작으로 인식이 된다. 하지만 이것은 정말 잘못된 생각이다. 우리는 운동을 절대로 이분법적으로 바라보면 안되고, 운동에도 단계가 있다는 생각으로 운동을 바라볼 필요가 있다. 그걸 '운동 레벨 나누기'라고 표현을 한다. 우리가 지금껏 생각했던 올바른 운동 모양은 그저 레벨 10이었을 뿐이고, 나는 아직 그 레벨에 못미치는 2~3 레벨일 뿐이라고 생각하는 것이다. 그러므로 내가 하는 동작이 절대 틀린 동작이 아니며 그냥 내가 아직 그 단계까지 가지 못해서 낮은 단계에 있다고 생각을 해야 한다.

예를 들어보겠다. 스쿼트라는 동작은 쪼그려 앉는 동작이다. 이때 완전 쪼그려 앉는 것을 레벨 10이라고 한다면, 내가 뻣뻣해서 1/4만 쪼그려 앉았다면 나는 레벨이 그냥 2~3인 것이다. 차근차근 레벨을 올려 나간다면 언젠가 레벨이 10이 될 것이고 그렇기에 나는 지속적으로 성장한다는 느낌도 받을 수 있고, 언젠가 레벨 10이 될 거라는 희망도 생긴다.

스키장에 처음 간 사람이 절대로 고급자 코스에 자발적으로 올라갈 일이 없다. 초급자부터 차근차근 코스를 마스터해서 중급, 상급으로 올라간다. 이와 마찬가지로 헬스장에서도 분명 초급자 운동이 존재하고 상급자 운동이 존재하건만, 어떻게 초보자들이 상급자 운동부터 시작할 수 있겠는가? 그렇기에 사실 우리에게 진짜 필요한 것은 이러한 시선으로 운동을 바라보고, 천천히 접근하는 운동법이 필요하다. 대단히 좋은 유전자를 가진 것이 아니라면 우리는 단번에 변화할 수 없고, 천천히 가야 함을 인정하는 편이 좋다.

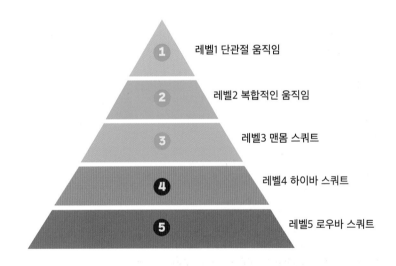

"운동에는 레벨이 존재한다.
내 동작이 틀린 것이 아니라, 아직 내 운동 레벨이 낮은 것 뿐이다."

스쿼트 단계별 레벨 표시

[레벨1] 단관절 움직임   [레벨2] 복합적인 움직임   [레벨3] 맨몸스쿼트

[레벨4] 하이바 스쿼트   [레벨5] 로우바 스쿼트

레벨1 훈련, 잠금해제

우리는 지금부터 레벨1 단계의 운동을 배울 것이다. 레벨 1의 운동이라고 절대로 만만하게 보지 말기 바란다. 사실 우리는 이 1단계의 움직임을 배운 적이 없기에 10단계의 운동을 하다가 다치게 되는 것이다. 기본부터 차근히 올라간다면 정말 안전하게 운동을 할 수 있으니, 단 한 번이라도 따라 해볼 것을 권장한다.

어떤 사람들은 이 과정을 mobility training(가동성 트레이닝)이라고 부르기도 한다. 나는 현장에서 교육을 할 땐 가동성 트레이닝에 대한 설명을 다음과 같이 한다. "지금부터 우리가 할 것은 우리 몸의 무뎌진 칼날을 가는 작업입니다. 무뎌진 칼날로 계속 요리를 하다 보면 팔이나 손목이 너무 아프겠죠? 그렇기 때문에 무뎌진 칼날이 예리하게 만들어진다면 우리는 훨씬 편안하게 요리(운동)를 할 수 있을 겁니다."
자, 그럼 지금부터 칼을 갈아보자.

발과 발목

 53page

일상생활에서 손가락을 사용하는 만큼 발가락을 사용하지 않는다. 마찬가지로 손목을 사용하는 만큼 발목을 사용하지 않는다. 그 결과 우리는 발가락과 발목을 손가락과 손목처럼 자유롭게 움직이지 못한다. 내 말이 믿기 힘들다면, 지금 당장 아주 천천히 손목을 돌려보자. 그리고 그것과 똑같은 속도로 발목을 돌리려고 해보자. 아마 난이도가 매우 차이가 난다는 것을 알 수 있을 것이다. 손가락으로는 키보드를 칠 만큼 자유롭지만 발가락은 따로 따로 움직이는 것조차 어렵다는 걸 쉽게 느낄 것이다. 그런데 이 발과 발목이 왜 중요하단 말인가? 헬스장에 가거나 PT를 받아보면 큰 근육 운동을 가르쳐주지, 발가락 운동이나 발목 운동을 가르쳐 주는 사람은 없다. 그래서 그게 문제라는 거다.

손가락과 손목이 움직이지 않는데 팔굽혀 펴기나 턱걸이를 한다고 상상해 보면 이해가 빠를 것이다. 또한, 큰 근육들이 발달하는 만큼 그 뿌리에 있는 작은 근육들이 발달하지 못한다면 결국 무너지게 될 것이다. 생각해 보자. 운동을 하는 만큼 다리에 근육도 생길 것이고, 팔도 굵어지고 가슴도 커질 것이다. 체중도 당연히 늘어난다. 그에 반해서 발 사이즈는 그대로인데, 발의 근육이 강해지지 않는다면 몸을 지탱하지 못해서 점점 발이 무너지기 시작할 것이다. 그리고 그렇게 무너진 발은 다른 인접 관절을 망가뜨리기 시작할 것이다. 예를 들면 발의 정렬이 무너지면 가장 먼저 무릎이 아프기 시작한다. 단순히 스쿼트를 점점 많이 하고 중량이 올라가서 그런 것이라고 느낀다면 착각이다. 앞서도 말했듯이, 우리가 드는 무게는 결코 인간의 몸에게 무겁지 않다.

헤비급 보디빌더들이 운동하는 장면을 본 적이 있는가? 아마 본 적이 있더라도 우람한 등 근육, 가슴 근육, 다리 근육을 훈련하는 장면만 기억이 날 것이다. 하지만 실제로 그들의 트레이닝을 처음부터 끝까지 본다면 발가락과 발목 훈련을 굉장히 많이 하는 것을 볼 수 있을 것이다. 그 이유는 당연히 늘어나는 체중을 발로 지탱하기 때문에 발의 근육을 키우는 것이다.

발 운동을 소개하기 전에, 마지막으로 맨발로 운동하는 것이 가장 좋다. 헬스장에서 그럴 상황이 안된다면 맨발과 비슷한 신발을 찾으면 쉽게 구할 수 있을 것이다. 푹신 푹신한 신발은 우리의 발가락과 발목의 기능 저하의 주범이기 때문에, 제발 웨이트 트레이닝을 할 때만이라도 맨발 또는 맨발과 비슷한 신발을 신자!

📁 **사진자료 8**

발목 잠금해제

그림1 발목을 체중을 이용해서 앞으로 밀어준다. 이때 뒤꿈치 뜨지 않도록 주의(수동적 스트레칭)

그림2 발목이 늘어난 상태에서 발을 아래 방향으로 힘을 주어 바닥을 누른다(잠금해제 스트레칭).

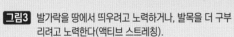

그림3 발가락을 땅에서 띄우려고 노력하거나, 발목을 더 구부 리려고 노력한다(액티브 스트레칭).

그림4 휴대폰 만큼의 거리를 둔 뒤 무릎이 벽에 닿을 때까지 연습한다.
GUIDE 휴대폰을 가로로 놓고 무릎이 벽 터치

무릎

📷 55page

무릎의 기능은 매우 단순하다. 구부러지고 펴지고 끝. 마치 팔을 접고 펴는 것과 똑같다. 팔꿈치가 잘 아프지 않은 것처럼 무릎도 사실 아프기가 힘들다. 하지만 현대인들은 무릎 통증을 꽤나 많이 겪는다. 그 이유는 발과 발목이 일을 하지 않거나 고관절이 일을 제대로 하지 않으면 중간에서 무릎이 혹사를 당하게 된다. 또는 팔을 사용하는 빈도만큼 다리를 사용하지 않아서 다리 근육의 약화로 무릎이 아플 수도 있다. 그 이외 통증의 발생 원인은 내측광근이라는 허벅지 근육의 비활성화로 인함인데, 이 경우 무릎이 아프지만 무릎을 점점 더 구부리는 트레이닝을 해주어야만 내측광근이 활성화가 되어서 무릎이 아프지 않게 된다. 그러므로 우리는 평상시에 무릎을 잘 구부릴 수 있도록 발, 발목, 그리고 골반의 움직임을 잘 만들어 주어야 하고, 무릎을 많이 구부릴 수 있는 운동 또한 꼭 진행해야한다.

고관절1_회전

📷 58page, 59page

고관절은 중요하다. 고관절은 상체를 똑바로 서있게 해주는 단단한 지지대 역할을 한다. 뿐만 아니라 상체와 하체를 연결해 주는 주요 관절이기 때문에 대부분의 운동에서는 높은 고관절의 가동성을 가질수록 유리하다. 아울러 고관절을 둘러싸고 있는 엉덩이 근육은 그 어떤 근육보다 큰 힘을 낼 수 있기에, 고관절을 잘 써야 힘도 잘 쓰고 허리도 잘 보호할 수가 있다.

고관절은 소켓구조로 골반에 허벅지 뼈가 박혀있다. 그렇기에 회전을 만들어낼 수 있고 이로 인해서 다채로운 움직임을 만들어 낼 수가 있다. 그래서 이 다채로운 움직임을 서로 이해하기 쉽게 6가지의 움직임으로 분류를 했다. 6가지 중 무엇이 더 중요하다고 할 순 없지

그림1 블럭 위에 발을 올린 하프닐링 자세를 취한다(수동적 스트레칭).

그림2 발로 블럭을 누른다. 이때 상체에 움직임이 없도록 다리만 움직인다(잠금해제 스트레칭).

그림3 상체를 움직이지 말고 무릎만 접어서 발을 블럭에서 뗀다(액티브 스트레칭).

그림4 무릎을 구부려 손으로 잡을 수 있어야 한다.

GUIDE 이 운동은 딱히 가이드가 쉽진 않다. 무릎을 접어서 발을 손으로 못 잡는다면 이 운동을 계속 해주도록 하자!

만, 일반적으로 고관절의 외회전과 내회전의 기능이 뛰어난 사람들은 나머지 4가지 기능이 다 좋은 경향이 있다. 그 이유는 회전은 다른 기능과 겹치는 부분이 있기 때문이다.

스쿼트라는 운동을 배워본 사람은 "외회전"이라는 용어를 한 번쯤은 들어봤을 것이다. 그리고 그 외회전은 고관절의 외회전을 의미하고 다소 헷갈릴 수도 있는 개념이지만 허벅지뼈가 신체 바깥쪽으로 도는 것을 의미한다. 외회전이 중요한 이유는 크게 2가지로 볼 수 있는데, 첫 번째는 외회전을 만드는 근육이 엉덩이 근육이기에 큰 근육을 개입 시킬수 있어 중요하다. 서서 발을 고정시킨채 엉덩이에 힘을 줘보면 허벅지가 바깥으로 도는 것을 볼 수 있다. 이게 외회전이다. 두 번째로 외회전이 중요한 이유는 고관절의 굴곡과 연관이 있다. 굴곡은 허벅지를 몸쪽으로 당기는 것을 말하는데, 스쿼트에서 하강 동작 시 허벅지 뼈가 몸통쪽으로 접근을 하게 된다. 이때 대다수의 남성들은 다리를 팔자로 벌리고 쪼그려 앉는게 편한데 그 각도가 굴곡이 잘 되는 각도이기 때문이다. 그래서 발을 땅에 고정한 채 엉덩이를 수축하여 허벅지 뼈를 바깥으로 돌리게 되면(외회전), 엉덩이 근육의 개입도가 올라가면서 고관절의 굴곡이 편한 위치에 허벅지 뼈를 위치시킬 수 있게 된다. 그로 인해서 스쿼트가 더욱 더 편해지기 때문에 고관절의 "외회전"이 스쿼트에서 중요한 개념으로 등장한다.

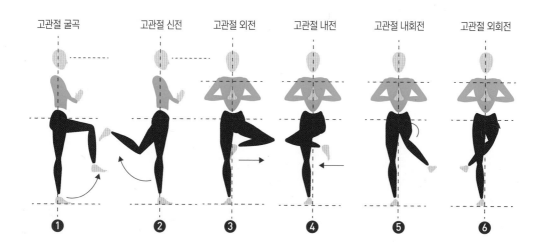

| 고관절 굴곡 | 고관절 신전 | 고관절 외전 | 고관절 내전 | 고관절 내회전 | 고관절 외회전 |

❶ ❷ ❸ ❹ ❺ ❻

"내회전"은 외회전의 반대되는 개념인데, 피트니스 업계에서는 외회전이 너무 강조된 나머지 내회전을 등한시 하는 경향이 있다. 스쿼트 하강 동작 시 처음에 외회전을 하다가 일정 부분을 지나가면 내회전이 일어나게 된다. 이때 내회전의 가동성이 없는 사람들은 골반의 통증을 호소하거나 스쿼트 깊이가 나오지 않게 된다. 뿐만 아니라 내회전을 잘 하는 사람일 수록 발끝을 11자에 가깝게 스쿼트를 할 수 있게 되고 그로 인해서 더 넓은 면적의 발로 지면을 지지해서 안정성이 올라가게 된다. 사람은 구조적으로 여자들이 내회전이 잘 되는 골반을 가지고 있어서 11자로 스쿼트를 하는 사람들이 많고 남자들은 외회전이 잘되는 골반을 가지고 있기에 八자에 가깝게 스쿼트를 하는 사람이 많다. 자신이 약한 부분을 채우면 채울수록 우리 몸의 빈공간이 사라지기 때문에 강해진다. 그러므로 남성분들은 내회전에 많은 시간을 할애해야 하고, 여성분들은 외회전에 많은 시간을 할애 하면 좋다.

고관절2_굴곡

📷 **61page**

다음은 고관절 굴곡에 관한 이야기이다. 스쿼트 하강 동작 시 무릎이 몸쪽으로 가까워지는 동작, 또는 달리기를 할때 무릎을 드는 동작이 고관절 굴곡이다. 달리기를 할때 사용된다는 점에 비추어 보았을 때, 사실 고관절 굴곡은 모든 운동 선수들에게 필수적인 기능이다. MMA선수들은 발차기를 할 때 다리를 들어야 하기 때문에 중요하고, 그 이외의 선수들은 폭발적인 스피드로 달려야 할 때 이 고관절 굴곡이 중요하게 쓰인다. 당연히 일반인들에게도 고관절 굴곡은 너무 중요하다. 그 이유는 허리 통증과 관련이 있다.

고관절을 굴곡시키는데 사용되는 수많은 근육 중 "장요근"을 들어본 적이 있는가? 허리가 아픈 사람은 필시 들어봤을 근육인데, 이 장요근은 배꼽 높이에서 시작해서 골반까지 길게 상체와 하체를 연결시키는 근육이다.

고관절 6가지 기능(굴곡, 신전, 외회전, 내회전, 내전, 외전)

굴곡   신전   내전&외전

내회전   외회전

📁 사진자료 11

90/90 transition start with high to low　　📖 **GUIDE** 땅에서 이 움직임을 자유롭게 할 수 있을때까지!

그림1 초보자들은 높은 곳에서 고관절 회전을 연습한다.

그림2 높이가 낮아질수록 난이도가 올라간다.

그림3 땅에서 하는 것이 가장 어렵다.

2010년대까지만 하더라도 허리가 아프면 장요근이 뭉친 것이 원인이고, 그 불편함을 해소하기 위해 장요근 스트레칭 또는 마사지를 많이 시켰다. 도수 치료를 받아봤다면 치료사 선생님께서 손을 골반 주변부에 아주 깊숙이 넣는 끔찍한 고통을 경험해 봤을 것이다. 하지만 앞서도 설명했듯이 마사지는 일시적인 고통의 완화일 뿐이지 금방 돌아간다. 그리고 그 이유는 무엇이라고? 장요근이라는 근육이 힘이 없어서 그렇다. 근육에 통증이 발생하는 이유는 근육이 힘이 없어서 불안함을 느끼게 되고, 그로 인해서 굳어버려 우리 몸은 움직일 때마다 통증을 느끼는 것이다.

다시 고관절 굴곡근으로 돌아와서, 고관절 굴곡을 하다 보면 장요근이 수축된다. 그래서 사실 불과 몇 년 전만 하더라도 허리가 아프면 장요근이 뻣뻣해져 있는데 수축 운동을 시키면 더 단단해질 것이라 믿었던 것이다. 그러나 요즘은 길이는 힘에서 나온다는 논리로 장요근을 강하게 수축하는 운동을 많이 시킨다. 장요근이 강해질수록 오히려 더 잘 늘어나게 될 것이고, 그로 인해서 우리의 허리는 장요근으로 인한 고통에서 벗어나게 될 것이다. 그러므로 이 책을 읽는 당신이 취미로 운동을 하던 전문적인 운동 선수이던, 고관절 굴곡근을 강화시킬 필요가 있다.

나머지 고관절의 기능에는 다리를 안으로 모으는 내전, 다리를 밖으로 벌리는 외전, 그리고 다리를 뒤로 보내는 신전이 있다. 이 3가지 기능들은 중요하지 않다기 보다는, 외회전과 내회전 그리고 굴곡을 하다 보면 자연스레 일어나는 동작이기에 지금 챕터에서는 그 내용을 다루지 않으려고 한다. 레벨 2단계에서는 통합적인 움직임을 하면서 모든 골반의 움직임을 익히게 될 것이니 걱정하지 않아도 된다.

고관절 굴곡 잠금해제

그림1 무릎을 들어 적당한 높이에 발을 위치시킨다. 책이나 쿠션으로 높이 조절을 하면 된다(수동적 스트레칭).

그림2 발을 아래 방향으로 힘을주어 누른다(잠금해제 스트레칭).

그림3 발을 땅에서 띄운다(액티브 스트레칭).

그림4 최소 무릎을 배꼽 높이까지는 올릴 수 있어야 한다.

허리

허리가 아픈 이유는 허리가 다방면으로 움직일 힘이 없기 때문이다. 운동을 하는 사람들 사이에서는 운동할 때가 아닌 일상 생활에서 허리를 다치는 경우가 더 많다는 말을 자주 한다. 생각해 보면 그도 그럴 것이 대부분의 사람들은 일정한 패턴의 동작으로 운동을 한다. 특히나 헬스장에서 하는 운동들은 앉아서 하거나 어딘가에 기대어 하는 운동들이 많아서 생각보다 정적이다. 그러나 일상 생활에서 떨어진 물건을 줍는 일은 내가 평상시 운동에서의 패턴과는 많이 다른 통제되지 않은 환경이기 때문에 경험해 보지 못한 각도로 허리가 움직이게 되고, 그 결과 그 범위에서 힘이 없거나 경험이 없어서 부상으로 이어지는 경우가 많다. 그래서 실제로 땅에 떨어진 물건을 줍는 행위를 보면 허리를 숙이기도 하지만 허리를 살짝 비틀어서 주워야 하는 경우가 많다. 무거운 무게를 드는 운동을 하지 않는데 허리를 많이 다치는 스포츠를 생각해 보면 골프이다. 골프는 허리 방향으로의 하중이 전혀 작용하지 않는 동작을 하지만 허리를 비트는 동작을 하게 된다. 그렇기에 흉추와 골반의 올바른 가동성이 없는 일반인들은 허리가 과도하게 비틀리게 되고 그로 인해서 허리가 "뜨끔"했다는 표현을 많이 쓰곤 한다.

허리의 구부러짐과 펴짐은 뻣뻣한 허리를 해결하는 핵심이 된다. cat-cow자세라 불리는 동작을 허리가 아픈 사람들에게 많이 처방을 한다. 다시 한번 강조하지만 우리는 움직이지 않기 때문에 통증을 느끼는 것이다. 내가 힘들어하는 동작을 계속해서 점진적으로 개선 시켜 나가면 그 통증은 사라지기 마련이다. 그래서 cat-cow동작은 잘 움직이지 않는 허리의 범위를 만들어주는 동작이다. 우리는 이 동작에서 한 단계 더 나아가 허리를 잘 구부려야지만 할 수 있는 롤업이라는 운동을 배울 것이다. 발을 잡지 않는 윗몸일으키기 버전인데, 허리를 마디마디 구부릴 수 없다면 아무리 복근의 힘이 좋은 사람이라도 올라오기가 힘들 것이다. 이 운동은 잃어버린 허리의 움직임을 회복시켜 주는 아주 중요한 운동이다.

📁 사진자료 13

cat - cow 운동

📁 사진자료 14

assisted roll - up

발을 잡지 않고 하는 윗몸일으키기로, 척추의 마디마디 분절을 도와주는 운동이다.
초보자들은 척추의 분절이 어렵기에 밴드의 도움을 받고, 서서히 밴드의 도움에서 벗어나면 된다.

📁 사진자료 15

사이드밴딩

예전에는 헬스장에서 종종 볼 수 있었던 옆구리 운동

옆구리

📷 65page

덤벨을 들고 옆으로 몸을 숙이는 사이드 밴딩이라는 동작을 들어본 적이 있는가? 예전에는 헬스장에서 많이 보였던 동작 같은데, 어느샌가 허리가 굵어지는 운동이라는 오명을 받으며 싹 사라진 운동중에 하나인 것 같다. 잠깐 다른 길로 새서 굵어짐에 관해서 이야기를 하자면, 종아리 운동을 하면 종아리는 얇아지고 허리 운동을 하면 허리는 얇아진다. 당연히 지방보다 근육의 부피가 적기 때문에 그런 것이고, 혹시나 운동을 하는데 어떤 부위가 눈에 띄게 굵어진다면 축복받은 근비대 유전자를 가진 것이기 때문에, 진지하게 운동 선수를 진로로 고민해 보는 것이 좋다(하지만 99%는 아니니 걱정하지 마라).

다시 본론으로 돌아와서 이 사이드 밴딩은 요방형근이라 불리는 근육을 단련 시켜준다.

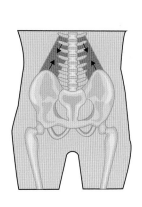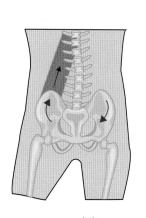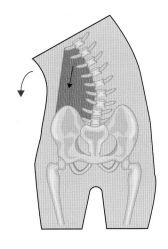

요방형근

요방형근은 요추 옆쪽에 있는 옆구리 근육인데, 아마 이 책을 읽는 대다수는 요방형근이라는 근육을 처음 들어 봤을 것이고, 들어 본적이 있어도 이 근육 운동을 해본적이 없을 것이다. 그리고 이 훈련되지 않은 요방형근은 다른 근육이 발달된 것에 비해서 덜 발달되게 되고, 그로 인한 상대적 약함으로 인해서 항상 타이트해져 있는 상태이다. 그리고 이 타이트

📁 사진자료 16

요방형근 강화 운동

▷ 영상바로가기

📝 **GUIDE** 20개를 가볍게 할 수 있을 때까지!

그림1 의자에 팔을 걸치고 사이드 플랭크 자세를 만든 후 옆구리를 늘려 골반이 땅을 향해 내려갔다 올라오는 동작이다.

그림2 벽에 기대어 하면 난이도가 훨씬 쉬워진다.

해져 있는 근육은 허리를 숙일 때 움직임을 제한하게 되고, 그로 인해서 허리 통증이 발생하게 된다. 어떤 이들은 요방형근이 요통의 "조커"라고 표현할 정도로 허리 통증에 있어서 중요한 역할을 한다. 그래서 이 요방형근의 길이를 늘려주고 강화시켜주는 것은 필수적이다.

여기까지 읽다 보면 "레벨1"의 훈련이 단순 스트레칭이라고 받아들이기엔 근력 훈련에 더 가까운 것을 알 수 있을 것이다. 결국 힘과 유연성은 떼려야 뗄 수 없는 관계이고 그렇기에 힘과 유연성을 같이 기르는 훈련을 해야지만 그 효과가 확실하다.

흉추

📷 68page

가슴 뼈인 흉추는 허리를 보호하는 데 중요한 역할을 한다. 우리 몸은 흉추 12개와 요추 5개 총 17개의 몸통 뼈를 가지고 있다.

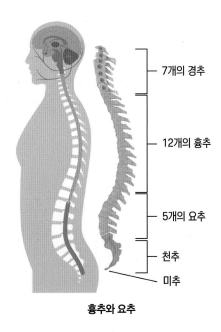

7개의 경추

12개의 흉추

5개의 요추

천추

미추

흉추와 요추

허리를 구부려 신발 끈을 묶는다고 생각해 보자. 총 90도를 구부릴 때, 17개가 모두 잘 움직이는 사람은 약5도씩 각각의 뼈가 움직이면 되지만, 흉추가 움직이지 않는 사람은 요추 5개로만 90도의 각도를 만들어야 하기 때문에 요추 하나가 18도라는 엄청난 범위로 움직여야 한다. 그렇기 때문에 우리는 흉추의 움직임을 많이 만들어서 요추가 움직이는 범위를 작게 만들어주어야 한다.

굽은 등, 굽은 어깨의 주범은 이 가슴뼈인 흉추이다. 그런데 흉추는 원래 굽어있다. 그리고 그 굽은 흉추를 펴기 위해서 과도하게 날개뼈를 모으거나 가슴을 내미는 행위 자체가 역설적으로 대부분의 자세를 망가뜨린다. 가슴을 열게 되면 자연스럽게 허리도 같이 열리게 되고 그로 인해서 골반이 전방으로 회전되어서 오리 궁뎅이가 되게 된다. 그런 자세를 띈 사람들이 유난히 한국에는 많고 이로 인해서 대부분 허리 통증을 달고 살게 된다. 가슴은 과도하게 펴지 않아도 괜찮다. 다만 가슴을 열고 닫는 힘이 있으면 된다.

흉추를 움직이는 근육은 무엇일까? 몸통을 좌, 우, 위, 아래로 움직여보자. 그럼 등 근육이 흉추의 움직임을 만들어 낸다는 것을 쉽게 알 수 있을 것이다. 흉추 움직임의 핵심은 회전에 있다. 이것 또한 마찬가지로 흉추를 회전하는 과정에서 대부분의 흉추의 기능이 회복된다.

흉추의 회전 운동을 해보면 정말 등 근육이 강하게 수축하는 것을 느낄 수 있을 것이다. 그리고 대부분 헬스장에서 웨이트 트레이닝만 했던 사람이라면 흉추의 회전이 너무나도 어렵고 쥐가 날 것 같다는 느낌까지 들 것이다. 이상하지 않은가? 이상해야 한다. 웨이트 트레이닝에서 충분히 등 근육을 많이 사용했을 것인데, 나의 몸통을 돌리는 작은 힘이 없다니? 그 이유는 무엇일까?

흉추 회전 운동

하체의 움직임 없이 팔을 180도로 벌릴 수 있어야 한다.　　　　　**GUIDE** 팔이 180도 벌어질때까지

헬스장에서 하는 운동들을 생각해 보면 앉아서 하거나, 등받이에 기대거나 또는 가슴받이에 기대어 운동을 하는 경우가 대다수이다. 그러다 보니 필연적으로 몸통이 고정이 된 채로 운동을 진행하게 되고, 몸통을 움직이는 움직임이 발생하지 않는다. 그로 인해서 흉추의 움직임이 결여되고 웨이트 트레이닝이 아닌 다른 움직임을 만들 때 제한된 흉추의 움직임이 결국 요추의 움직임으로 이어져서 허리 통증을 유발한다.

어깨

📷 71page, 73page, 75page, 76page, 77page

스쿼트를 할 때 허리를 아프게 하는 이유가 어깨에 있다면 믿겠는가? 나도 처음엔 이 생각이 그냥 내 경험에 근거한 것이라 생각했다. 그런데 "바벨로 쓴 처방전"이란 유명한 책의 저자도 "스쿼트를 할 수 없게 만드는 진짜 원인은 하반신의 문제가 아니라 상반신의 견갑대나 팔의 가동성 문제일 가능성이 훨씬 크다." 라고 말을 한다.

미국의 유명한 운동 학자인 그레이 쿡의 joint by joint 접근법에 따르면, 우리의 관절은 다 유기적으로 연결되어 있어서 인접 관절에 영향을 미치게 된다. 어렵게 들리지만 생각해 보면 당연한 것이다. 허리가 아프면 골반에서 원인을 찾고 그마저도 원인을 못 찾으면 발까지 내려가게 된다. 목이 아프면 턱관절이 아프다. 등이 뭉치면 어깨가 아프다. 그렇기에 어깨에서 발생한 문제가 허리까지 타고 오는 것이다. 그 이유를 직관적으로 이해하기 위해서 초보자에게 바벨을 몸통 앞으로 드는 프론트 스쿼트와 바벨을 몸통 뒤로 드는 바벨 백 스쿼트를 시켜보면 그 자세의 차이가 확연하게 난다.

같은 스쿼트 임에도 불구하고 두 사진의 허리를 보면 그 차이를 바로 느낄 수가 있다. 왜 이런 것일까? 이미 정답을 유추한 분들도 있겠지만, 바벨의 위치가 문제이다. 맨몸 스쿼트를 하다가 허리를 다친 사람들 본 적이 있는가? 덤벨이나 바벨을 몸 앞에 놓고 스쿼트를 하다가 허리를 다친 사람을 본 적이 있는가? 스쿼트를 하다가 허리를 다치는 사람은 99%의 확률로 바벨 "백(back)" 스쿼트를 하다가 다치는 것이다.

프론트 스쿼트나 고블렛(goblet) 스쿼트의 이야기부터 먼저 해보자. 물체를 몸 앞에 들고 진행하는 스쿼트를 하면 사람들은 본능적으로 가슴을 들지 않는다. 그 이유는 몸 앞에서의 움직임은 일상 생활에서 자주 움직이는 범위이고, 이 범위에서는 어깨의 움직임이 몸통(흉추)의 개입을 요구하지 않기 때문이다. 가슴을 들지 않으면 코어 근육을 잠그는 브레이싱이라는 것을 할 수 있게 된다. 브레이싱은 나중에 따로 자세히 설명하겠지만, 누군가 배를 때린다고 생각하고 배를 보호하는 느낌이라고 생각하면 된다. 다시 말해 덤벨이나 바벨의 수직 하중을 더 이상 허리의 뼈 구조물인 척추가 견디지 않고 그 앞부분을 둘러싼 코어 근육들을 통해서 견딜 수 있는 것이다. 마치 내 몸을 에어백처럼 만들어서 더 이상 구부러지지 않게 만드는 것으로 생각하면 된다. 그리고 이 과정이 프론트 스쿼트에서는 아주 자연스레 일어나게 되는데, 그 이유는 앞서 말했던 가슴을 들지 않는 것에서 시작된다.

바벨 백 스쿼트의 문제는 반대로 가슴을 드는 것부터 시작된다. 체스트업이 일어날 수밖에 없는 이유를 어깨의 관점에서 한번 보자. 등 위에 얹어진 바벨을 잡기 위해서는 손을 머리 뒤로 넘겨서 잡아야 한다. 프론트 스쿼트에서는 이 과정이 몸 앞에서 일어나기에 쉽게 바벨을 잡을 수 있고 그로 인해서 별다른 문제가 생기지 않는다. 하지만 바벨 백 스쿼트에서는 어깨의 뻣뻣함으로 인해서 문제가 발생한다. 지금 책을 읽으면서 누워있거나 앉아있다면 바닥이나 벽에 허리를 딱 붙여서 공간을 없애고 손을 머리 위로 들어보자. 이때 허리가 바닥에서 뜨려고 할 것이다. 만약 이 테스트를 통과했다면 손을 Y자 모양으로 들고 있을 것이다. 그럼 이번엔 손을 W로 만들려고 하면서 바벨이 등에 얹어져있다고 생각을 하면서 그 위치까지 손을 내려보자.

📁 **사진자료 18**

프론트 스쿼트 vs 백스쿼트

그림1 프론트(front) 스쿼트

그림2 백(back) 스쿼트

📁 **사진자료 19**

고블렛 스쿼트

그림1 의 고블렛 스쿼트의 통나무 같은 상체의 모습이 이상적인 모습이다.

그럼 열에 아홉은 허리가 뜨거나 손을 바벨 위치까지 내리지 못할 것이다. 이런 이유 때문에 사람은 등 뒤에 있는 바벨을 잡기 위해서 가슴을 열어버리게 된다. 가슴을 열면 코어 근육은 이완되어 버린다. 이완된 근육은 힘을 쓸 수 없게 되고 여러분의 몸 앞에서 만든 에어백은 느슨해져서 더 이상 허리를 보호할 수 없게 된다. 서서 등을 조이면서 가슴을 활짝 열어보아라. 그리고 배에 힘을 주려고 하면 힘이 들어가지 않고 허리에 힘이 빳빳하게 들어가는 게 느껴질 것이다. 허리는 힘을 낼 수 있는 구조가 아니므로 운동 내내 강한 수축감을 피해야 한다. 우리 몸의 근육들은 다 제각각 역할이 있는데, 허리 근육인 척주기립근은 강한 힘을 내는 근육이 아니라 자세의 안정화의 역할을 맡은 근육이다. 이 근육이 과도하게 사용이 될때 우리는 허리가 아프다고 느끼는 것이다. 무거운 물체를 들 때는 최대한 많은 근육을 동원시켜야 한다.

등 뒤에 있는 바벨을 가슴의 움직임 없이 잡기 위해서는 어깨의 굴곡과 외회전의 기능이 필요하다.

어깨 역시 골반과 마찬가지로 소켓 구조이기 때문에 회전이 중요하다. 상완골(위팔뼈)이 바깥쪽으로 도는 것을 외회전 안쪽으로 도는 것을 내회전이라고 하고, 통상 외회전과 내회전 각도의 합이 150도 미만일 경우 어깨에 문제가 있다고 판단한다. 뿐만 아니라 외회전과 내회전에 관여하는 근육을 보면 외회전에는 극하근과 소원근, 내회전에는 견갑하근, 대원근 그리고 광배근이 사용된다. 이 회전과 견갑의 움직임은 밀접한 관계가 있기 때문에 여러모로 어깨의 건강을 위해서는 회전 운동을 많이 해주어야 한다.

어깨의 굴곡과 신전 또한 중요한 기능이다. 어깨의 굴곡은 머리 위로 어떤 동작을 할때 필수적으로 사용된다. 가령 머리 위로 프레스를 하는 오버 헤드 프레스에서 어깨의 굴곡이 나오지 않는다면 허리를 꺾게 되고 자연스레 허리에 부담이 올 뿐더러 사용되는 근육 또한

📂 사진자료 20

▶영상바로가기

어깨가 뻣뻣하면 가슴을 열어야만 바벨을 잡을 수 있다.

그림1 어깨의 움직임이 나오지 않는다면 바벨을 잡기가 어렵다.

그림2 어깨의 움직임을 흉추가 보상을 하게 된다.

어깨가 아니라 가슴이 된다. 풀업 또한 마찬가지로 광배근이 사용되지 않고 승모근이 사용된다. 어깨의 신전은 딥스를 할 때 많이 사용되는데, 팔이 몸통 뒤로 가는 기능이다. 이 기능이 왜 중요한지를 생각해 보자면, 어깨가 뒤로 가려면 기본적으로 어깨의 전면이 느슨해져서 늘어나야 한다. 하지만 대부분 가슴 운동을 많이 하는 헬스인들은 가슴과 어깨 전면이 매우 타이트해져 있다. 그로 인해서 어깨의 신전 기능이 많이 상실되고 체형이 점점 앞으로 말리게 된다. 어깨가 말리게 되면 당연히 스쿼트를 할때 바벨을 제대로 잡을 수 없게 된다. 그 이외에 일상생활에서도 통증이나 불편함을 많이 느낄 것이다.

축하한다. 우리는 이제 1단계를 졸업했다. 다음 챕터에서는 우리의 몸을 좀 더 통합적으로 움직이면서 앞서 만들었던 움직임들이 통합되는 과정을 통해 한 단계 더 높은 움직임을 만들 것이다. 1단계를 잘 시작했다면 2단계는 훨씬 쉽고 재밌을 것이다. 1단계의 움직임이 나오지 않은 상태로 2단계를 진행하게 되면 어떤 근육이나 관절의 과사용이 일어나서 부상을 입을 수 있다. 그러므로 1단계를 충실히 하고 난 이후에 2단계를 시작해야하며, 2단계를 하는 중에 불편감이나 통증이 수반된다면 다시 1단계로 레벨을 낮추자.

벽 y & w 테스트

그림1 벽에 등을 대고 Y자를 만들어준다.

그림2 Y를 W로 전환한다.

그림3 동작 내내 허리 사이에 공간이 만들어지면 안된다.(O)

그림4 허리 사이에 공간이 만들어진 잘못된 동작이다.(×)

어깨 굴곡 잠금해제

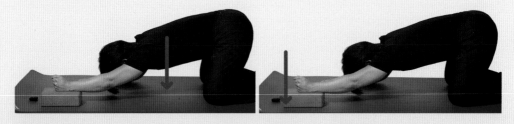

그림1 상체의 무게를 이용해서 어깨를 눌러준다(수동적 스트레칭).

그림2 손을 아래 방향으로 누른다(잠금해제 스트레칭).

그림3 블럭에서 손을 띄운다(액티브 스트레칭).

그림4 귀 옆까지 팔이 올라가야 한다.

어깨 외회전 잠금 해제

그림1 어깨의 외회전 스트레칭을 하기 위한 자세이다. 팔꿈치와 손에 각각 블럭을 위치시킨다.

그림2 주먹으로 블럭을 강하게 누른다(잠금해제 스트레칭).   **그림3** 주먹을 블럭에서 띄운다(능동적 스트레칭).

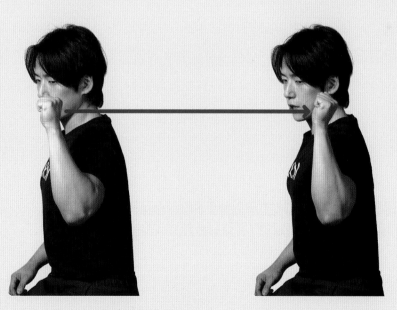

그림4 팔을 회전해서 몸통 옆까지 팔을 위치시킬 수 있어야 한다.

레벨2 훈련, Loaded-stretching

레벨 2로 진입해 보자. 통합적인 움직임을 배울 것이다. 나는 이 과정을 "Loaded-Stretching(로디드-스트레칭)"이라고 이름을 붙였는데, 이 이름에 대한 이해가 필요해서 잠깐 설명하고 넘어가도록 하겠다.

우선 "stretching(스트레칭)"은 머릿속에서 더 이상 요가매트 위에서 진행하는 동작이 아니어야 한다. 스트레칭은 근육의 잠금 해제를 시키는 과정이고, 사실 우리가 하는 웨이트 트레이닝과 비슷한 모양이어야 한다. 그래서 지금부터 스트레칭을 알려줄 것이지만, 독자들은 이 챕터를 운동이라고 인식할 수도 있다. 사실 맞다. 운동이 스트레칭이 되어야 하고, 스트레칭이 운동이 되어야 하는 것이다.

"Loaded" 무게를 싣는 것을 로딩이라고 하고, 무게를 싣는 스트레칭을 하고자 한다. 그 이유는 우리가 하는 웨이트 트레이닝은 결국 무게에 대한 저항 훈련인데, 움직임 범위는 무게가 늘어날 수록 줄어든다. 그렇기에 웨이트 트레이닝에서도 올바른 움직임 범위를 유지하기 위해서는 스트레칭에도 무게를 실어야 한다.

첫 번째, 카프 레이즈(Calf Raise) & 티비알리스 레이즈(Tibialis Raise)

📷 79page

발과 발목을 같이 사용할 수 있는 운동을 배울 것이다. 카프레이즈(calf raise)는 종아리 근육 운동으로 벽을 미는 자세를 취한 뒤, 뒤꿈치를 드는 동작을 의미한다. 블럭위에 올라가서

카프 레이즈 & 티비알리스 레이즈

그림1 발가락으로 바닥을 밀어서 뒤꿈치를 드는 운동이다.

그림2 발가락을 들어올리는 전경골근 운동이다.

해도 괜찮고 뒤꿈치를 드는 동작을 할 수 있는 곳이라면 어떤 환경도 좋다. 이 운동을 하면 발가락으로 땅을 밀면서 뒤꿈치를 들기 때문에 자연스럽게 발가락의 힘이 좋아진다. 또한 종아리 근육이 수축을 할땐 발목이 펴지고, 종아리 근육이 이완할 땐 발목이 구부러지면서 발목에 많은 움직임을 만들어 낸다.

티비알리스 레이즈(tibialis raise)는 팁레이즈라고 부르기도 하고, 정강이 뼈 옆에 있는 전경골근을 움직이는 운동이다. 이번엔 벽에 등을 기대고 한 발 정도 앞으로 나간다. 그리고 발끝을 몸쪽으로 당기는 동작을 수행한다. 종아리 운동과 정반대 운동이라고 생각하면 된다. 이 운동은 전경골근을 강화시키는 운동이자, 레벨 1의 발목에 나왔던 액티브 스트레칭과 같다. 전경골근은 웨이트 트레이닝에서 많이 무시되는 근육이다. 미적으로 필요하지 않은 근육은 소홀히 하기 마련인데, 헬스장에 가보면 전경골근을 훈련 할 수 있는 기구가 마땅치 않다. 그런데 이 운동은 발목과 발가락 힘을 기르는 필수적인 운동이기에, 이 책을 읽는 독자라면 반드시 하루에 30개 정도씩 이 운동을 할 것을 추천한다. 이 운동이 쉬워진다면 발을 좀 더 벽으로부터 멀리 두면 난이도가 올라가고, 그마저도 쉽다면 한발로 진행하면 된다.

두 번째, 원 레그 스티프 데드리프트 (One Leg Stiff Deadlift)
📷 **81page**

처음으로 꼭 해야할 운동은 한발로 하는 데드리프트이다. 왼발로 체중을 모두 옮기고 오른발은 땅에서 띄운다. 그 다음 오른손으로 땅을 터치하면 되는데, 이때 배에 힘을 주고 허리가 굽지 않도록 주의를 하면서 엉덩이를 뒤로 빼면서 상체를 숙여야한다. 이런 동작을 힙힌지라고 하는데, 동작 수행 중 허리가 평평하게 잘 펴져있다면 힙힌지를 잘하고 있는 것이

📁 사진자료 25

원레그 데드리프트

그림1 올바른 원레그 데드리프트 자세이다.

그림2 고관절 굴곡을 제대로 하지 못해 허리가 굽은 잘못된 자세이다.

그림3 동작의 난이도를 낮추기 위해서 반대 발로 균형을 잡아준다.

고, 허리가 구부러지고 있다면 힙힌지가 아닌 허리를 구부려서 상체를 숙이고 있는 것이다. 균형을 잡기가 너무 힘들다면 뒷발인 오른발 끝으로 땅을 살포시 지지해서 균형을 잡아주면서 차츰차츰 그 힘을 줄여나가다 보면 언젠가 맨몸으로 할 수 있게 될 것이다. 반대 발인 오른발도 왼손으로 똑같이 진행해 준다. 무게 없이 10개 정도가 가능해진다면, 이제는 무게를 추가해야 한다. 처음부터 욕심내지 말고 가볍게 3kg에서 시작을 해서 2kg정도씩 올려가면 된다. 스트레칭의 개념으로 생각하면서 한 동작 한 동작을 잘하는 데 의의를 둬야지, 무게를 올리거나 횟수를 채우는 데 집중을 하는 운동은 아니라는 점을 꼭 기억하면 좋겠다.

헬스장에서 하는 대부분의 하체 운동들은 양발로 하기 때문에, 한 발로 하는 운동을 반드시 해야 하는데, 그 중에서 한 발로 하는 데드리프트는 정말로 많은 이점을 가지고 있다.

● 균형을 위해서 이 운동은 반드시 해야 한다. 그런데, 운동에서 균형이라는 말 만큼 모호한 말도 없다고 생각한다. 균형을 잘 잡는다는 것은 뭘까? 순발력이 빠르다는 말인가? 뭐에 좋다는 말인가? 균형 감각을 꼭 키워야 하는 이유는 안정성 때문이다. 몸이 흔들린다는 것은 불안정성을 말하는 것이고, 균형을 잘 잡는다는 말은 그만큼 몸의 안정성이 높다는 말이다. 안정성이 높다는 말은 높은 부하에서도 관절의 정렬을 잘 유지할 수 있고, 관절의 비특이적인 움직임으로부터의 예방이 가능하다.

● 고관절의 내회전을 개선시켜준다. 앞서도 설명했지만 남자들은 골반이 구조적으로 내회전이 잘 안된다. 그렇기에 이 내회전을 개선시켜주는 동작들은 많이 하면 할수록 좋다. 특히 고관절의 내회전 기능은 따로 내회전만 한다고 해서 잘 개선되는 기능이 아니기 때문에, 이렇게 복합적인 움직임으로 개선을 시켜주는 것이 가장 효율적인 방법이다.

당연하겠지만, 마지막으론 햄스트링의 유연성을 길러준다. 무릎을 최대한 덜 구부린 채로 데드리프트를 하게되면 햄스트링이 많이 늘어난다. 무릎을 많이 구부리지 않았다고 해서 스티프(stiff) 데드리프트라고 한다. 이 운동은 햄스트링의 길이를 늘리면서 부하를 주고, 힘도 기를 수 있는 단연코 최고의 운동이라고 할 수 있다. 성인 기준 자신의 체중의 1/5 정도의 무게를 가볍게 다룰 수 있을 때까지 부단히 이 동작을 연습하는 것이 좋다.

세 번째, 시티드 굿모닝 (Seated Good-Morning)

📷 **84page, 85page**

이름 그대로 앉아서 굿모닝이라는 인사를 하듯 허리를 숙이는 운동으로 벤치나 의자에 앉은 뒤 배에 힘을 주고 허리가 구부러지지 않는 선까지 허리를 숙여준다. 이때 인클라인 벤치를 사용한다면 자신의 레벨을 체크하기가 쉽고, 내려갈 수 있는 범위 앞에 높이를 체크할 수 있는 요가블럭을 쌓아두면 안전하게 그 범위까지 내려 갈 수가 있게 된다. 평벤치에서 허리가 굽지 않고 벤치에 배나 가슴이 닿았다면 이제는 무게를 실어서 진행하면 된다. 등 뒤로 바벨, 덤벨, 원판을 얹는 방법이 있고 또는 몸 앞에 덤벨 또는 원판을 가지고 진행하는 방법도 있다.

이 운동은 후면사슬이라 불리는 내 몸 뒤에 있는 전반적인 근육의 길이를 늘려주는 운동이다. 생각보다 이 동작이 안 되기 때문에 허리를 구부려서 허리의 통증을 발생시키는 경우가 많고, 앞의 스티프 데드리프트와의 차이라면 아무래도 무릎을 이미 구부리고 있기 때문에, 햄스트링보다는 엉덩이 쪽의 근육들이 더 많이 늘어나게 된다. 뿐만 아니라 안쪽 허벅지인 내전근이 타이트한 경우 이 운동으로 내전근까지 늘릴 수 있는 동작이며, 상체와 하체가 가까이 붙으면 붙을수록 허벅지 뼈는 골반 속으로 깊숙이 박히게 되고, 더 안정적인 구조를

인클라인 벤치 시티드 굿모닝

인클라인 벤치에서 플랫으로 내려갈수록 난이도가 증가한다. 수준에 맞게 점차점차 난이도를 올려가면 된다.

시티드 굿모닝 부하를 증가시키는 법(원판, 덤벨, 바벨 등)

시티드 굿모닝에서 부하를 늘리는 다양한 방법이다. 각각 원판, 덤벨 그리고 바벨을 사용하였다. 그 이외에 밴드나 케이블을 사용하는 방법도 있다.

만들어 낸다. 사실 이 동작은 고관절의 굴곡을 수동적으로 만드는 스트레칭이기도 해서, 이 동작을 많이 하면 할수록 스쿼트를 더 깊고 더 편안하게 내려갈 수 있게 된다. 거기에 더해서 당연히 무게를 실으면, 햄스트링과 둔근 그리고 허리 근육까지 다 길이가 늘어나게 되면서 강화까지 이루어진다. 맨몸으로 별도의 장비 없이 의자만으로도 가능하기에 일상 생활에서도 자주 할 수 있는 동작이므로 이 동작은 반드시 마스터 할 것을 강력 추천한다. 자신 체중의 1/3 정도의 부하를 가볍게 다룰 수 있을 때까지 이 동작에 많은 시간을 할애하는 것을 추천한다.

네 번째, 코펜하겐 플랭크 📷 87page

코펜하겐 축구 선수들이 많이 한다고 해서 알려진 코펜하겐 플랭크라는 동작이다. 한쪽 다리를 벤치나 의자에 걸치고 안쪽 허벅지로 버티는 동작이다. 이 동작은 정확히는 내전근의 강화를 통해서 골반의 안정성을 올려주는 동작이다. 그러나 우리는 안정성의 증가가 곧 힘의 증가임을 알고 있고, 힘의 증가는 곧 길이의 증가임을 알고 있기에 이 동작이 "스트레칭"으로 불려도 이상하지 않다고 생각을 한다.

내전근을 늘리는 것은 득이 되는 경우가 대부분이지만 실이 되는 경우도 있다. 내전근은 고관절의 안정성과 밀접한 관계를 가지는데, 내전근이 불안하다면 고관절이 불안할 확률이 당연히 높아진다. 다리가 쉽게 찢어지는, 흔히 말하는 유연한 사람들은 웨이트 같은 중량 운동을 못하는 경우가 많다. 근육에는 어느 정도 텐션이 있는 게 무게를 들기 유리하기 때문이다. 그렇기에 과도하게 근육의 길이를 늘리는 것은 항상 좋은 방향은 아니라고 생각하고 뭐든 적당히 하는 것이 좋다.

📁 사진자료 28

▶ 영상바로가기

기본적인 플랭크 + 멀어진 플랭크(부하 up!)

그림1 기본적인 코펜하겐 플랭크의 모습이다.

그림2 벤치로부터 거리가 멀어지면 난이도가 상승한다.

레벨2 훈련, Loaded-stretching

대다수의 현대인들은 다리를 옆으로 벌릴 일이 없기 때문에 사실 내전근이 짧을 가능성이 매우 높다. 축구나 달리기 같은 사방으로 뛰는 운동을 하지 않는다면 옆으로 다리가 늘어날 일도 없기에 헬스만 하는 사람들은 대부분 내전근이 짧다. 내전근이 잘 늘어나고 잘 수축해야 고관절의 움직임이 자연스러워진다. 내전근이 너무 타이트하다면 고관절의 외회전이 잘 일어나지 않게 되고 그로 인해서 둔근의 사용이 어려워지는 경우도 빈번하다. 무릎을 벤치에 걸치고 진행하는 것을 기준으로 1분을 가뿐히 버틸 수 있을때 까지 이 동작을 꾸준히 하도록 하자.

다섯 번째, 닐링 익스텐션 (Kneeling Extension)

📷 89page

엉덩이와 배에 힘을 준 채로 무릎을 꿇고 앉아(고관절의 신전을 유지한 채로) 무릎을 접었다 펴는 동작이다. 우리는 레그 익스텐션이라는 기구에 익숙하다. 이 동작을 바닥에서 무릎을 꿇은 채 한다고 생각하면 된다. 무릎을 바닥에 위치시키고 엉덩이랑 배에 힘을 줘서 몸을 일자로 만들어준다. 그리고 무릎 관절만 움직여준다. 그렇기에 나머지는 힘을 줘서 움직임을 제한한다. 그리고 몸을 뒤로 누우면 되는데 당연히 컨트롤 가능한 범위 까지만 누워야 한다. 그렇기에 내가 얼마만큼 갈 수 있는지 높이를 체크 할 수 있는 무언가를 두고 하면 가장 좋다. 일반적으로는 요가 블럭이나 원판을 등 뒤에 쌓아두고 거기를 터치하고 올라오면 된다. 맨몸 운동에서는 범위가 난이도를 결정하기에 10개 정도 가볍게 할 수 있게 된다면 요가 블럭 하나 정도를 제거해서 다음 단계로 넘어가면 된다. 그리고 최종 목적지는 땅에 등이 닿는 것이다. 무릎은 구부러지게끔 만들어진 것이다. 걱정 안 해도 된다.

▶️영상바로가기

닐링 익스텐션

닐링 익스텐션은 범위가 길어질수록 어려워진다.   **TIP** 기구 : 레그익스텐션

이 동작을 하다 보면 어지간한 기구에서 하는 것보다 허벅지에 자극이 강하게 느껴질 것이다. 그 이유는 이 운동이 사실 좀 특이한 점이 있기 때문인데, 일반적인 헬스 기구들은 내 근육이 늘어나고 수축하는 범위에 저항을 일정하게 만들어 놓는다. 그렇기에 케이블을 주로 쓴다. 그런데 이 닐링 익스텐션은 처음 서있을 때는 저항이 0이다가 뒤로 누울수록, 즉 근육의 길이가 늘어날수록 저항이 올라가기 시작한다(**중력의 영향 때문이다**). 내 몸에서는 이런 저항을 잘 경험해 보지 않았기 때문에 좋은 자극으로 받아들이고 펌핑감까지 생기게 되는 것이다(**신장성 수축이라는 것이 강하게 걸린다**). 그리고 이런 이점에 의해서 실제로 내 허벅지 근육의 길이가 많이 늘어나게 된다. 즉 스트레칭이 된다는 것이다. 그래서 내가 계속 스트레칭과 운동의 경계가 없어져야 한다고 하는 것이다.

이 운동은 우리 몸의 전면 사슬 중 허벅지와 고관절 부분의 근육을 많이 늘려주는 운동이다. 대부분 허벅지 운동들은 허벅지를 쥐어짜는 운동들이 많을뿐더러, 좌식 생활을 많이 해서 허벅지 근육이 짧은 경우가 대부분이다. 그로 인해 하체 근육이 짧아져서 상체의 허리를 잡아 당기는 경우가 매우 많다. 그것을 보완하기 위해서 허벅지 근육을 늘리는 운동을 반드시 해야 한다.

운동을 좀 해본 사람들은 이 운동이 레그 익스텐션과 비슷하다고 생각한다. 하지만 이 운동의 본질은 레그 익스텐션과 많이 다르다. 레그 익스텐션은 "단축성 수축" 즉 쥐어 짜는 느낌을 강조하는 운동이고 닐링 익스텐션은 "신장성 수축" 늘어나면서 찢어지는 느낌을 유발하는 운동이다. 그렇기에 둘다 해주는 것이 좋고, 최근 근비대 관련 논문에서는 "신장성 수축"이 "단축성 수축"보다 근비대에 효과적이라고 하니, 이 운동을 반드시 할 것을 추천한다. 등이 땅에 닿는 것을 목표로 꾸준히 조금씩 연습해 나가면 된다.

나를 살린 스쿼트

여섯 번째, Psoas March

 93page

다리를 몸 쪽으로 당기는 동작이다. 복근 운동과 유사해 보이지만, 차이점은 오로지 다리만 접어서 무릎을 최대한 가슴 쪽으로 들어주는 동작이다. 반면 복근 운동은 배를 수축하기 위해서 골반이 살짝 뒤로 돌아가는 동작이 나온다. 육상 선수들이 몸을 풀 때 하는 다리를 들어 올리는 동작을 누워서 하는 것이라고 생각하면 된다. 밴드나 케이블 같이 저항을 줄 수 있는 것을 발에 걸고 몸쪽으로 다리를 당기면 되는 간단한 동작이고 주의 사항은 허리가 말리지만 않게 땅에 잘 붙여 놓으면 된다.

헬스장에서 하는 다리 운동을 한번 떠올려보자. 스쿼트, 레그프레스 등등을 떠올려보면 모두 다리를 내 몸에서 밖으로 밀어내는 동작으로 이루어져 있다. 즉 대부분의 하체 운동은 엄밀히 따지면 밀기 동작이다. 상체 운동은 밀기를 하면 당기기를 하라고 한다. 그 이유는 불균형을 방지 하기 위함이다. 그렇다면 하체는 불균형이 오지 않을까? 온다. 밀기류의 하체 운동만 하는 사람들은 나중에 골반이 아프다는 표현을 하는데, 정확하게는 고관절이 찝히는 것이다. 고관절이 찝히는 이유는 미는 힘은 너무나 강한데 당기는 힘이 없다 보니 무게가 고관절을 눌러서 수동적으로 당기게 되고 그렇게 되면 고관절이 올바른 위치에 가지 못하고 잘못된 위치로 가게 되어서 찝힘 현상이 발생하는 것이다. 즉 스쿼트나 레그프레스의 이완 동작에서 내가 당기기 운동을 많이 했다면 고관절을 올바른 위치에 둘 수 있었을 텐데, 당기는 힘이 없다 보니 무게가 그냥 내 다리를 누르게 되고 그러면 고관절이 잘못된 위치에 가게 된다. 그러다가 찝히는 경험을 조금씩 하다 보면 나중에는 크게 아프게 된다.

Psoas March는 다리를 몸쪽으로 당기는 운동이다. 그렇기에 이 운동은 하체의 불균형을 해소하기 위해서라도 반드시 해야 하는 운동이고, 또한 허리 통증을 예방하는데도 아주 좋은 운동이다. 고관절 굴곡근들은 대부분 약해져서 타이트한 경우가 많고 그로 인해서 허리를 잡아당겨서 통증을 유발한다. 이때 그냥 마사지나 스트레칭을 한다면 당연히 순간적으로는 좋아지겠지만, 금방 다시 통증이 발생할 것이다. 근본적인 원인을 제거한 것이 아니기 때문이다. 근본적인 원인은 고관절 굴곡근의 약화 그로 인한 단축이기에 강화를 시켜서 단축을 해소해야 한다.

이 운동은 가이드를 주기 어렵지만, 적어도 무릎이 배꼽과 명치 사이까지는 올라 올 수 있어야 하며, 일주일에 최소 1번 이상은 진행해야 하체의 불균형을 막을 수 있다.

psoas march

그림1 발에 밴드를 걸고 한발씩 당기는 운동이다.

그림2 케틀벨을 발에 걸고 당겨도 된다.

chapter
03

HOW?

■ 스쿼트는 왜 해야 하는가?

■ 브레이싱

■ 고블렛 스쿼트

■ 바벨 백 스쿼트(하이바)

스쿼트라는 운동이 대체 불가능한 운동인가? 내 대답은 아니다. 그럼 스쿼트를 왜 해야 한다고 말하는 것인가? 그 이유는 스쿼트가 우리 몸의 정말 많은 관절을 사용하는 운동이기 때문이다. 흔히 스쿼트를 복합 다관절 운동이라고 부른다. 쪼그려 앉는 것이 기본이었던 옛 시절과는 다르게 의자에 앉는 것이 익숙해진 현대인들은 고관절의 가동성 제한 그리고 발목의 가동성 제한 등으로 인해서 쪼그려 앉는 것이 매우 힘들어졌고 그 결과 "스쿼트"라는 동작이 더 이상 자연스러워지지 않게 되었다. 그렇기에 인간 본연의 움직임을 회복한다는 측면에서 스쿼트라는 농작을 반드시 해야 한다고 생각한다. 그리고 앞서 언급되었듯이 스쿼트를 할 때 많은 관절들이 구부러지고 펴지면서 그 주변에 많은 근육들이 움직이게 되고 그로인해서 우리는 더 건강한 신체를 짧은 시간 안에 효율적으로 만들 수 있게 된다. 그래서 대부분의 운동선수들조차 스쿼트를 가장 기본의 운동이라고 표현한다. 대다수의 스포츠에 서는 꼭 무거운 무게를 들지 않더라도 훈련 프로그램에 넣어서 스쿼트를 진행한다. 운동 레벨로 설명을 하자면, 스쿼트는 레벨3의 동작 이어서 앞서 레벨1과 레벨2의 동작을 잘 수행하고 연습했다면, 앞으로는 레벨 3의 동작만 하면 되는 마법 같은 운동인 것이다.

스쿼트를 좋지 않은 운동이라고 바라보는 시선도 당연히 존재한다. 어떤 운동을 하기 전에는 그 운동을 하는 목적이 무엇인지에 대한 명확한 정의가 없다면 어떤 운동도 나쁜 운동이 될 수 있고, 어떤 운동도 좋은 운동이 될 수 있다. 가령 어떤 보디빌더가 있다고 해보자. 이 사람의 목적은 다리의 근육을 키우는 것인데, 허리디스크의 이력이 있다. 그렇다면 이 사람은 다리를 키우기 위해서 허리에 부담이 갈 수도 있는 스쿼트를 굳이 선택할 필요가 없다.

또한 앞, 뒤, 좌, 우 사방으로 뛰어야 하는 축구, 농구, 미식축구 선수들에게도 굳이 높은 중량의 제자리에서만 진행되는 스쿼트 훈련은 의미가 없을 수도 있다. 차라리 앞으로 전진하거나 뒤로 후진하는 런지 같은 운동이 더 자신이 하는 스포츠로의 전이성이 크기 때문에 제자리에서 진행하는 스쿼트가 꼭 좋은 운동일 리가 없다.

그렇다면 이 글을 쓰고 있는 나는 스쿼트를 어떻게 바라볼까? 나는 스쿼트를 평생에 걸쳐서 꼭 마스터 해야하는 운동이라고 생각한다. 그 이유는 일반인인 나는 살아가면서 별 다른 스포츠를 할 일도 없으며, 하루 중 헬스장에서 운동하는 시간이 거의 내가 움직이는 전부이기 때문이다. 그렇기에 헬스장에서 할 수 있는 가장 많은 관절을 쓰면서 그리고 가장 점진적 과부하를 많이 할 수 있는 운동 중 하나가 바로 이 스쿼트이기에 나의 건강을 위해서 그리고 나의 젊음을 위해서 이 스쿼트 만큼은 평생 해야 하는 운동이라고 스스로 생각한다. 운동에 별다른 취미가 없다면 스쿼트라도 해서 건강을 유지하도록 하자.

브레이싱(Bracing)

스쿼트를 하기 전에 우리는 호흡을 먼저 배울 것이다. 스쿼트를 흔히 프리웨이트라고 한다. 헬스장에 있는 기구는 평균 체형에 맞춰 만들어진 제품이므로 키가 작거나 크거나 평균에 맞지 않는다면 내 몸을 기구에 맞춰야 하는 상황이 발생한다. 반면에 프리웨이트는 내 몸에 모든 것을 맞출 수 있기에 잘만 한다면 오히려 관절에 적은 부담을 주며 운동이 가능하다. 하지만 프리웨이트가 어려운 점은 바로 이 때문인데, 자유도가 높다. 기구 운동들은 내가 움직이는 부위를 제외하고는 고정이 되어서 안정감이 든다. 반면에 프리웨이트는 온몸을 내 스스로 고정 시켜야 하기 때문에 신경을 써야 할 것이 많다. 특히나 스쿼트에서는 하체만 움직이고 나머지 상체는 움직임을 없애야 한다. 그렇지 못할 경우 부상으로 이어지게 되고, 스쿼트를 하다가 하체를 다치는 경우보다 상체를 다치는 경우가 많다는 것을 떠올려 본다면 어느 정도 쉽게 이 말이 이해가 갈 것이라 믿는다(**허리, 어깨, 손목 등의 부상 빈도가 무릎, 발목, 골반의 부상 빈도보다 훨씬 높다**). 하체 운동을 더 안전하고 잘 하기 위해서 상체를 잠그는 abdominal bracing(앱도미널 브레이싱)이라는 호흡법을 배워보자.

브레이싱의 목표

📷 **99page**

브레이싱은 "잠그다"라는 뜻으로 상체를 잠가서 움직임의 변화가 없도록 만드는 것이 목표이다. 스쿼트를 하는 중 상체의 움직임이 부상으로 이어지기 때문에 움직임을 없애는 것에 우선적인 목표가 있고, 또한 무거운 바벨에 저항하기 위해서 구부러지지 않는 몸을

▣ 영상바로가기

브레이싱

그림1 올바른 브레이싱의 자세는 원형의 캔 모양을 나타낸다.

그림2 브레이싱을 제대로 못하면 찌그러진 캔 같은 모양이 된다.

만드는 것에 또 다른 목표가 있다.

브레이싱을 하고 스쿼트를 하는 상체의 모습은 뚱뚱한 캔처럼 빈틈이 없어 보인다. 반면에 브레이싱을 제대로 하고 있지 못한 상체의 모습을 보면 한쪽이 찌그러진 캔과 비슷하다. 이렇게 한쪽이 찌그러졌다면 위에서 바벨이 몸을 눌렀을 때 캔이 찌그러지듯 몸은 구부러질 수 밖에 없다. 제대로 브레이싱을 하고 있다면 에어백을 하나 안고 있는 듯한 느낌으로 안정적인 운동 수행이 가능해진다.

브레이싱 배우기

📷 101page

브레이싱은 바닥에 누워서 배우는 것이 가장 쉽고, 이렇게 배운 호흡을 운동에 적용시키는 것이 최종 목표이다. 몸의 허리뼈인 요추에는 굴곡이 있어서 눕게 되면 허리 부분에 공간이 있는 것이 자연스럽다. 브레이싱이라는 호흡을 하기 위해서 무릎을 당겨서 눕고 허리 사이의 공간을 없앤다. 이때 허리 사이에 방울토마토가 하나 있다고 생각을 하고 그 토마토를 터뜨려보자.

손을 명치 부근에 위치시켜서 윗배와 갈비뼈를 만져보자. 호흡을 하기 위해 호흡을 먼저 내뱉을 것이다. 이때 두 손이 서로 가까워져야만 한다. 갈비뼈가 닫히기 때문에 손이 가까워진 것이고, 이 상태를 유지한 채로 호흡을 들이마신다. 호흡의 양을 높이는 것보다, 갈비뼈가 닫혀 있는 상태에서 호흡을 하는 것이 더 바람직한 방향이다. 그 이유는 단단한 몸통을 만들기 위해서는 골반 아래까지 호흡을 채워 넣어야 하는데, 그러기 위해서는 갈비뼈가 닫혀 있는 상태에서 호흡이 이루어져야 한다. 그리고 그렇게 호흡이 되면 몸통 주변의 척추 안정화 근육들이 활성화가 된다. 과거에는 호흡에 근육이 참여한다는 연구가 부족했으나,

📁 **사진자료 32**

▶영상바로가기

브레이싱 연습

그림1 편하게 누운 자세이다.　　　그림2 허리 사이의 공간을 없앤 모습이다.

📁 **사진자료 33**

명치와 골반이 평평한 닫힌 모습 / 명치와 골반이 평평하지 못한 모습

그림1 선채로 브레이싱이 잘된 닫힌 구조　　　그림2 선채로 브레이싱 잘 못한 열린 구조

브레이싱(Bracing) **101**

최근 연구들에서는 호흡에 많은 근육들이 개입한다는 사실을 발견했다. 그 중에서 척추 안정화를 돕는 횡격막, 복횡근, 다열근 그리고 골반저근 등이 활성화가 되면서 몸통을 아주 안정화 시켜준다.

다시 한번 정리하자면, 바닥에 누워 평평하게 몸을 만든 다음 호흡을 내뱉어서 갈비뼈를 닫아준다. 그리고 호흡을 들이마셔 닫힌 갈비뼈를 유지한 채 골반까지 호흡을 밀어 넣는다는 생각을 한다. 이러면 마치 우리의 몸은 흔들어진 콜라 캔처럼 단단하고 터지기 일보직전의 압력을 가질 수 있게 된다. 호흡을 정말 잘했다면, 호흡으로 인한 공기가 등까지 밀어내서 몸이 살짝 바닥으로부터 뜨는 것까지 느낄 수 있을 것이다. 왜냐면 우리는 사실 360도 방향으로 호흡을 할 수 있기 때문이다.

누워서 호흡을 연습했다면 이제는 선 채로 호흡을 해보자. 갈비뼈를 잘 닫는다는 전제하에 옆구리에 손을 위치하고 호흡을 진행한다. 갈비뼈가 잘 닫히는지 모르겠다면 우선 갈비뼈에 손을 위치시키고 해도 괜찮다. 가장 먼저 해야 할 것은 발을 땅에 잘 밀착시키는 것이다. 바르게 서 있는 자세에서 바른 호흡이 가능하기 때문이다. 그리고 엉덩이에 살짝 힘을 준다. 이것은 이전에 방울토마토를 터뜨린 것과 같은 행위라고 생각하면 되고, 그 진짜 목적은 골반을 중립으로 돌리기 위함이다. 그리고 호흡을 제대로 하기 위해서 먼저 호흡을 내뱉어서 갈비뼈를 닫아준다. 이 상태가 되었다면 명치와 골반이 평평한 상태로 내 몸은 캔처럼 바뀌었을 것이다. 이제 호흡을 통해서 캔을 흔들기만 하면 된다. 옆구리에 있는 손을 밀어낸다는 생각으로 호흡을 하여 몸통을 잠근다. 그것이 바로 브레이싱이라는 호흡이고 이 호흡은 스쿼트를 수행하는 내내 항상 지켜져야 한다.

브레이싱에 관한 부정적 견해

인체의 구조를 잘 아는 사람이라면 브레이싱이 다소 일자허리를 만드는 것 같다는 생각이 들 것이다. 실제로 사람의 척추는 S자 커브를 가지고 있으나, 브레이싱을 강하게 또는 과하게 하면 복부의 압력이 허리를 뒤로 밀어서 또는 골반이 살짝 뒤로 말리면서 허리를 일자로 만들기도 한다. 그래서 이 모습이 디스크를 뒤로 밀어내기에 딱 좋기에 디스크 터지기 좋다고 말하는 의견들도 많다.

이는 반은 맞고 반은 틀린 말이다. 우선 몸통이 일자가 되면 디스크 구조 그 자체는 취약한 것이 맞다. 하지만 스쿼트 시 몸통을 일자로 만듦으로 인해서 바벨에는 더 안전하게 저항을 할 수 있다. 일자인 모습은 단단한 캔과 같은 역할을 하게 되고, 위에서 누르는 바벨에 더 강한 구조가 된다. 그렇기에 이 모습이 스쿼트를 하는 것에서는 바른 자세가 되는 것이다. 반대로 허리에 좋다는 요추 전만의 자세를 바벨 스쿼트 시 취하게 되면, 한쪽이 찌그러진 캔과 같은 구조가 되고 디스크 자체만 놓고 보면 안전한 구조일지 모르겠으나, 역학적으로 부서지기 쉬운 구조가 되는 것이다. 그렇기에 고중량 스쿼트나 데드리프트에서의 바른 자세는 우리 인체가 가진 자연적인 모습과는 다를 수 있다는 점을 꼭 강조하고 싶다. 우리가 무거운 바벨을 드는 행위가 애초에 자연스럽지 않으니까 말이다.

또 다른 부정적 시각은 브레이싱은 허리를 점점 뻣뻣하게 한다는 점이다. 우리는 일상생활 또는 스포츠에서 허리를 구부려야 하는 상황이 발생한다. 양말을 신거나 신발 끈을 묶을 때마다 브레이싱을 해서 허리를 보호하려 허리를 구부리지 않으려고 노력한다면, 그 행위가 너무 비효율적이고 오히려 더 힘이 들 것이다. 그래서 인간의 몸은 척추가 구부러지고 펴지게 만들어 진 것이다. 그래서 구부려야 할 상황에서는 자유롭게 구부릴 수 있어야 하는데, 브레이싱이라는 호흡에 너무 익숙해지면 허리를 구부리는데 점점 어려움을 겪게 된다. 그래서 브레이싱이 무조건 좋은 호흡법이라고 생각은 하지 않았으면 좋겠다. 다만 이 책에서 다루는 "스쿼트"에서는 브레이싱이 최고의 호흡법이다.

고블렛(Goblet) 스쿼트

무게를 몸 앞에 들고 앉았다 일어나는 고블렛 스쿼트는 레벨 3이다. 두발자전거를 타기 전에 네발자전거를 타듯이 운동에는 복잡계가 존재하는데, 몸 뒤편의 무게를 드는 행위보다 몸 앞의 물건을 드는 행위가 우리에게 더 단순함을 준다. 또한 물체가 앞에 있기에 조금 더 중심을 잡기가 쉽다. 그렇기에 고블렛 스쿼트를 먼저 배워서 스쿼트란 어떤 느낌인지를 명확히 인지한 후 바벨 스쿼트로 넘어가도록 해보겠다. 여기서 익힌 모든 기본이 다음 단계에 적용되니, 알거나 쉽다고 해서 건너뛰지 말고 한번 제대로 학습하고 가보자.

발

우리 신체는 모두 연결되어 있다. 발가락을 잘 쓰면 발목을 잘 쓰게 되고, 발목을 잘 쓰면 무릎을 잘 쓰게 된다. 무릎을 잘 쓰면 고관절을 잘 사용하게 되고… 이런 식이다. 결국 발가락을 잘 쓰면 하체 근육 전체를 잘 쓸 수 있다. 그런데 일상 생활을 하면서 푹신한 신발을 계속 신다 보니 그 안에서 발이 움직일 기회를 막아버린다. 성인이 되고 난 이후에 지압보드 같은 곳에 올라가 본 기억이 있는가? 푹신한 신발 속에 가려서 발은 조금의 압력도 견디지 못하는 약한 구조물이 되어 간다. 그로 인해서 우리는 발가락 자체의 힘을 잃었을 뿐만 아니라 뇌로부터의 신경전달 통로가 막혀서 발을 잘 움직이지 못하게 된다. 아이러니하게 이렇게 못 움직이는 발은 그 위의 발목에 영향을 주고 연쇄적으로 하체 근육 전체에 그리고 허리까지도 통증을 주는 경우가 많다. 그래서 앞선 챕터에서 설명한 발가락 운동을 잘 연습해서 발의 감각을 잘 살린 후 스쿼트를 진행해야하며, 맨발로 운동하는 것이 가장 좋으며, 그것이 어렵다면 밑창이 매우 얇은 신발을 신는 것을 추천한다. 푹신한 러닝화를 신고 스쿼트를 한다면 벙어리장갑을 끼고 키보드를 치는 듯한 느낌이다.

발가락 액티브 그립 & 발가락 삼각대

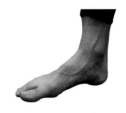  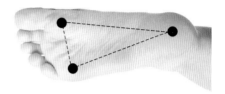

키보드를 칠 때 손 모양처럼 발로 바닥을 움켜잡는다.   발의 튀어나온 세 지점이 마치 삼각대와 같은 역할을 한다.

발을 사용하는 첫 번째 방법은 키보드를 치는 손을 상상하는 것이다. 키보드를 칠 때 손가락을 살짝 구부리는 것처럼 스쿼트를 할때도 발가락으로 바닥을 잡는다는 생각으로 발가락 자체를 살짝 구부려주어야 하고 이것을 "액티브 그립(active grip)"이라고 표현을 한다. 스쿼트라는 동작을 하는 내내 이 액티브 그립이 절대로 풀려서는 안된다.

엄지발가락과 새끼발가락의 중족골두와 뒤꿈치 뼈(종골) 이 세 포인트를 삼각대에 흔히 비유하곤 한다. 이 세 포인트가 땅을 잘 누르고 있어야 하며, 스쿼트를 수행하는 내내 이 세 포인트가 잘 바닥과 밀착되어 있다면 스쿼트는 쉽게 배울 수 있다.

브레이싱 하기

발로 땅을 잘 잡았다면 이번엔 엉덩이와 배에 힘을 주면서 브레이싱을 진행한다. 이때 무게가 몸 앞에 위치해 있기 때문에 조금 더 강한 느낌으로 브레이싱을 할 수 있을 것이다. 몸이 단단해졌고 누군가 때려도 절대 무너지지 않을 것 같은 자세를 취하고 있다면 아주 잘한 것이다.

하강

📷 107page

이제 단단한 배를 유지한 채로 아래로 내려가면 된다. 상체를 굳이 세우려고 노력하지 않아도 괜찮다. 사람마다 허벅지 뼈의 길이, 발목의 가동성 등 신체 조건이 다르므로 그냥 몸이 시키는 대로 자연스럽게 내려가면 된다. 다만 주의해야 할 점은 앞선 과정에서 했던 브레이싱과 액티브 그립이 풀리지 않는지 체크를 하면서 내려가야 한다. 그리고 중요한 점은 우리 스스로 내려가는 것이지, 중력에 의해서 주저앉는 것이 스쿼트라는 운동이 아니다. 내가 동작을 컨트롤을 할 수 없다면 그만큼 운동에서는 위험도가 올라간다. 명심하자. 단 한 순간도 힘을 풀고 주저앉는 구간은 없다.

상승

사실 잘 앉으면 잘 일어날 수 밖에 없다. 무게가 너무 무거운 경우가 아니라면 잘 앉으면 잘 일어난다. 다만 조금의 팁을 얹어보자면, 일어날 때 발을 한번 잘 느껴보아라. 일어나는 동안 발 전체가 지면을 잘 누르고 있는지. 대부분의 초보자들은 발의 무게 중심이 뒤로 이동하여서 약간 뒤꿈치로 미는 느낌으로 일어나거나 앞꿈치가 뜨면서 일어나게 된다. 아마 원판을 앞에 들었기에 이런 느낌이 덜하겠지만 원판이 없다면 이런 느낌을 더 많이 받을 것이다. 그것은 발의 무게 중심을 잘 맞지 않아서 그렇기에 레벨 1단계로 돌아가서 발과 발목, 그리고 고관절 운동을 다시 한번 하고 진행해 보자. 또 다른 원인으로는 약간 뒤로 앉았다가 뒤로 미는 동작이 나와서 그런 것인데, 이땐 단순히 천천히 운동을 하는 것으로 그리고 하체로만 움직임을 만들어 내는 것으로 이 문제를 해결 할 수 있다.

스쿼트 준비 자세

그림1 스쿼트의 준비가 완료된 자세이다. 전신에 긴장감이 유지되어 있어야 한다.

신체 구조에 따라 다른 스쿼트 자세

사람마다 신체 구조가 다르기에 똑같은 스쿼트를 하더라도 모양이 다르다. 상체를 꼿꼿이 세워야 한다는 것은 편견이다. 상체가 숙여져도 괜찮다.

고블렛 스쿼트에서 반드시 배워야 하는 것들

이 운동은 어떻게 보면 사람에게 자연스러운 동작 중 하나여야 한다. 물건을 땅에서 줍고 그것을 들어 올리는 과정과 유사하기 때문이다. 그렇기에 엄청 어렵다는 생각이 들지 않는다. 우리는 이 운동에서 내 몸의 느낌을 잘 느껴야 한다. 왜냐면 앞으로 배울 바벨 백 스쿼트는 우리에게 자연스럽지 않은 동작이므로 이 고블렛 스쿼트의 느낌을 확실히 알아야지만, 그 느낌을 정확히 바벨 백 스쿼트에도 대입할 수 있기 때문이다. 그러므로 고블렛 스쿼트를 할 때 스스로가 느끼는 발의 느낌, 배의 느낌, 허리의 느낌 등의 모든 것을 기억하려고 노력하자. 그리고 자세 또한 카메라로 기록해 두면 더욱 좋다.

바벨 백 스쿼트

목뒤에 바벨을 얹는 바벨 백 스쿼트(barbell back squat)는 레벨 4이다. 그리고 이 바벨의 위치를 조금 더 낮게하는 로우바 스쿼트라는 동작은 레벨 5 정도로 볼 수 있다. 레벨 3까지 무난하게 따라왔다면 레벨 4도 무난하게 마스터 할 수 있으니, 한번 같이 이 운동에 대해서 알아보도록 하자.

헬스라는 운동을 떠올리면 상징적인 운동이 바벨 백 스쿼트이다. 그래서 초보자들도 가장 먼저 배우게 되는 운동 중 하나인데, 바벨 백 스쿼트는 사실 초보자들이 배우기에 너무나 어려운 운동이다. 그 이유는 바벨이라는 물체를 내 몸 중심을 기준으로 뒤로 들어야 하는데, 이런 동작을 일상 생활에서는 전혀 할 일이 없다. 그래서 사실 바벨을 등 뒤에 놓고 잡는 행위부터 어려울뿐더러, 이런 어색한 상체의 포지션이 하체에도 악영향을 주게 된다. 그래서 실제로 고블렛 스쿼트에서는 허리를 다치는 사람은 없지만, 바벨 백 스쿼트는 허리의 부상 발생률이 어느 정도 있는 편이고, 또한 어깨의 부상 빈도가 의외로 높은 운동이다.

체스트 업(Chest Up)

📷 **111page**

나는 어쩌다 이런 단어가 피트니스 시장에 만연하게 되었는지 참 궁금하다. 체스트 업이라는 단어만큼 사람들의 자세를 망가뜨리는 것도 없다고 생각한다. 체스트 업이란 가슴을 들어라는 뜻으로 흉추의 신전을 의미한다.

우선 브레이싱을 한번 해보자. 배를 단단하게 잠근 채로 체스트업을 하려고 해보자. 그럼 체스트업이 되지 않거나 브레이싱이 풀릴 것이다. 이 두 가지는 공존하기가 어렵다. 즉, 체스트업을 하겠다는 것은 배 앞의 에어백을 만들지 않겠다는 것이고, 그냥 허리 주변부의 근육들을 수축시켜서 하중을 버티겠다는 뜻이다. 그리고 실제로 2000년대 이전에는 이런 식의 스쿼트를 많이 했고, 현재도 국내에서는 이런 식으로 스쿼트를 하는 사람들이 많다. 하지만 한번 이런 식으로 생각해 보자. 체스트업으로 흉추가 신전되면 그 아래 구조물인 요추도 신전된다. 즉 등 전체에 힘을 주는 것이고 그렇게 하면 우리의 상체는 한쪽이 찌그러진 캔이 된다. 그 상태에서 위에서 바벨이 누른다고 생각해 보라. 바로 캔은 무너져버릴 것이다.

그러므로 우리는 허리에 힘을 빼야 한다. 허리에 힘을 빼고 브레이싱을 하는 것이 더 안정적인 구조물을 만드는 것이고 결과적으로 더 허리를 잘 보호할 수 있다. 이것이 2000년대 이후로 스쿼트 세계 신기록이 매년 갱신되는 이유이고, 파워리프팅이라는 스포츠에서는 허리 부상의 발생률이 축구, 미식축구, 그리고 농구에 비해서 현저히 낮은 이유이다.

그렇다면 왜 체스트업이라는 단어가 만연하게 되었을까? 가장 큰 이유는 역도 선수의 스쿼트가 끼친 영향이다. 역도라는 스포츠는 머리 위로 바벨을 드는 스포츠이다. 그래서 역도 선수들은 기본적으로 흉추의 신전 기능이 매우 좋다. 다시 한번 강조하지만 매우 좋다. 뿐만 아니라 척추의 마디 마디를 움직일 수 있는 분절의 능력도 좋아서 흉추만 따로 신전을 시키고 요추는 중립을 유지하는 것이 구조적으로 가능하다. 어쨌든 역도의 스쿼트는 그 레벨이 너무 높아서 레벨로 측정하자면 한 10정도가 된다. 하루에 겨우 2시간 운동을 할 수 있을까 말까한 현대인들이 따라 하기에는 좋은 자세가 아니라고 생각을 한다. 다시 한번 말하지만 역도라는 스포츠에 적합한 스쿼트 자세가 존재를 한다. 역도라는 스포츠를 더 잘하기 위한 스쿼트가 있는 것이고 그것은 지금 우리가 배우고 있는 스쿼트와는 목적이 다르다.

정리하자면, 지금부터는 머리속에 체스트업이라는 단어를 지워버려라. 내 말을 못 믿겠

📁 **사진자료 36**

▶ 영상바로가기

하이바 스쿼트(레벨4) VS 로우바 스쿼트(레벨5)

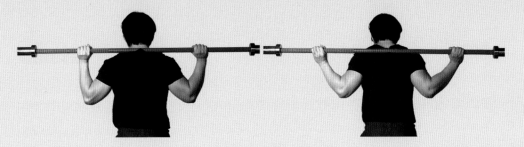

더 낮은 곳에 바벨을 위치시키는 것이 어렵다.

📁 **사진자료 37**

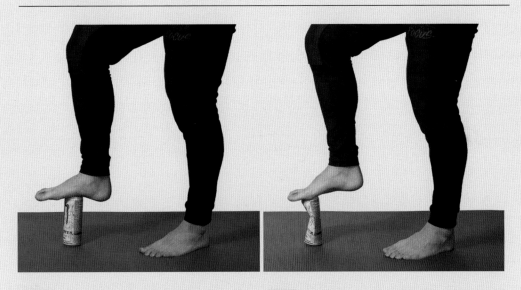

그림1 브레이싱을 잘한 모습은 단단한 캔의 모습과 같다.　　그림2 체스트업을 한 열린 구조의 상체는 찌그러진 캔과 같다.

바벨 백 스쿼트

다면 여러분이 고블렛 스쿼트를 한 모습을 한번 보아라. 체스트업을 하고 있는가?

견착

 113page

바벨 백 스쿼트는 고블렛 스쿼트와 무게를 지지하는 위치 말고는 다를 것이 없다. 하지만 그것이 큰 차이를 만들기에 바벨 백 스쿼트는 어렵다. 바벨을 몸에 잘 밀착시키는 것을 "견착"이라고 표현을 하는데, 바벨 백 스쿼트에서는 이 견착이 매우 중요하다. 견착만 잘 배워도 바벨 백 스쿼트는 쉬워진다.

바벨을 승모근 상부에 위치시키는 스쿼트를 하이바 스쿼트라고 한다. 그리고 그 위치보다 아래에 바벨을 놓으면 로우바(low) 스쿼트라고 한다. 바벨의 위치가 내려갈수록 어깨에 요구되어지는 가동성이 크므로 초보자들이 배우기 어렵다. 그러나 두 스쿼트는 본질적으로 바벨의 위치만 다를 뿐 나머지는 똑같으므로 하이바 스쿼트만 잘 배워도 로우바 스쿼트까지 잘 배울 수 있게 된다. 우선 바벨을 잘 견착시키기 위해서는 어깨에 두 가지 요구 조건이 발생한다.

첫 번째로는 몸통의 움직임 없이 팔을 몸 뒤로 보낼 수 있는 능력(어깨의 굴곡이라고 표현한다), 두 번째로는 몸통의 움직임 없이 팔을 몸 뒤로 회전 시킬 수 있는 능력(어깨의 외회전이라고 표현한다). 이 두 가지 능력이 갖춰져 있지 않다면 어깨가 아닌 몸의 다른 부위에서 보상 작용이 일어나게 된다. 즉 바벨을 들기 위해서 몸통은 그대로 있는 채로 어깨만 움직여서 바벨을 잡아야 하는데, 어깨의 기능이 충분하지 않게 된다면 몸통이 움직이게 된다. 그리고 그 몸통이 움직이는 형태는 주로 체스트 업이 되는데, 그 이유는 어깨가 더 이상 뒤로 갈 수 없게되니 내 손을 위로 보내기 위해서 날개뼈를 뒤로 모으는 견갑골 후인(retraction)을 하기 때문이다.

그 결과 흉추의 신전으로 인해서 또 abdominal bracing을 할 수 없게 된다. 그래서 견착

▷ 영상바로가기

📁 사진자료 38

어깨의 굴곡과 외회전

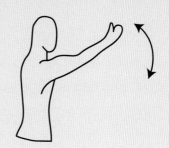

그림1 어깨가 머리 뒤로 넘어가는 동작을 굴곡이라고 한다.

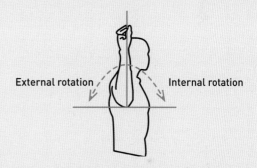

External rotation   Internal rotation

그림2 어깨가 몸 밖으로 회전하는 것을 외회전이라고 한다.

📁 사진자료 39

어깨의 움직임만으로 바벨을 잡은 모습 vs 어깨가 뻣뻣해 체스트업을 하고 바벨을 잡은 모습

그림1 흉추의 움직임 없이 오로지 어깨의 움직임만으로 바벨을 잡은 모습

그림2 어깨의 움직임이 제한되어 바벨을 못 잡는 모습

그림3 어깨의 움직임 제한으로 흉추의 움직임 보상이 일어나 바벨을 잡은 모습

이 중요하다. 몸통을 가만히 놔두고 어깨만 움직여서 바벨을 잡아보자. 이때 배에 힘을 줄수 있다면 어깨에 충분한 유연성이 있는 것이고, 바벨을 잡기 위해서 가슴이 움직이기 시작한다면 다시 레벨1의 어깨로 돌아가서 어깨 운동을 연습하고 견착을 시작해야 한다.

바벨은 그냥 손으로 잡고만 있어도 되지만, 추가적인 힘을 줄 경우 더 단단한 상체를 만들 수 있다. 바벨이 무겁더라도 바벨을 내 몸 쪽으로 끌어당긴다고 생각을 해보자. 마치 턱걸이를 한다고 연상하며 당긴다면, 등 근육 중 큰 비중을 차지하는 광배근이라는 근육이 활성화가 된다. 이 근육은 요추까지 붙어 있어서 허리 보호에 결정적인 역할을 하게 된다. 그래서 몸통 앞에서는 브레이싱으로 허리를 보호하고, 몸통 뒤에서는 광배근이 허리를 보호하게 된다. 무겁더라도 꼭 바벨을 몸쪽으로 강하게 당기고 있어야 한다. 이때 팔꿈치는 몸통옆에 위치를 해야하고 몸통 뒤로 팔꿈치가 넘어간다면 아마 날개뼈가 모여서 또 체스트업이 될 가능성이 크다.

혹자들은 스쿼트를 할때 그냥 편안하게 힘을 풀고 진행하라고 한다. 어느 정도 동의하는 바이지만, 초보자들에게는 절대 권하지 않는다. 골프, 테니스, 배드민턴 등등 다른 스포츠를 배우다 보면 늘 한결같이 하는 말이 "힘을 빼라"이다. 그런데 해봐서 알겠지만 스포츠에서 힘을 빼는 수준까지 가려면 생각보다 오랜 시간이 필요하다. 힘을 뺄 수 있는 여유가 생기려면 그 동작에 상당한 숙련도가 필요하기에 초보자들의 경우에는 오히려 어느 곳에 정확히 어떻게 힘을 주는지 배운 다음 서서히 힘을 빼는 과정으로 가도록 하면 좋겠다.

▌너비

바벨을 잡는 손의 너비는 어깨의 유연성에 따라 편한 대로 잡으면 좋지만 일반적으로는 좁게 잡으면 잡을수록 좋다. 그 이유는 좁게 잡을수록 팔꿈치가 몸통과 가까운 위치에 오게 되고 그로 인해서 등 근육이 더 많이 수축해서 단단한 상체를 만들 수 있다. 하지만 자신의 가동성에 맞지 않은 좁은 그립을 잡게 되면 팔꿈치나 손목에 부상을 유발한다. 그렇기에 상체가 편안하지만 단단해질 수 있는 적당한 위치에 손을 잡아주면 된다.

▌위치

견착의 위치는 사실 뼈 위에 바로 놓지 않으면 어디에 놓아도 상관없다. 일반적으로 승모근 상부에 올리면 하이바 스쿼트라고 부르고 그것보다 아래에 놓으면 로우바 스쿼트라고 부른다. 또 그 중간에 놓으면 하이브리드 스쿼트라고 부르기도 하는데, 크게 의미 없는 작명이라고 생각한다. 우선 그냥 편한 위치에 바벨을 올려보자. 등 위에 바벨을 잘 얹어야 하는 이유는 손목의 부상을 막기 위해서다. 등 위에 잘 얹혀진 바벨은 내 몸 전체가 하중을 고루 나눠 가지지만, 손목에 바벨이 얹어진다고 하면 막대한 무게가 손목 및 팔꿈치에 실리게 되고 부상으로 이어진다. 그렇기에 내가 등에 온전히 바벨을 얹었는지 꼭 확인해 보자.

▌손

어깨의 유연성, 그리고 손목의 유연성에 따라 손 모양을 다양하게 잡을 수 있다. 일반적으로는 손으로 바벨을 다 감싸서 잡지만, 손목의 유연성이 부족한 경우 썸리스 그립으로 바벨을 잡기도 한다. 또한 어깨의 외회전이 잘 안되는 경우 새끼손가락을 빼고 바벨을 잡기도 한다. 이렇게 잡게 되면 조금 더 팔꿈치가 자연스러운 위치에 오게 되어서 바벨을 잡기가 편해진다. 턱걸이를 할때 손잡이가 일자인 것도 있지만 아래로 살짝 각도가 있는 이유는 이것이 우리 몸에 더 편하기 때문이다. 그래서 사실 일자인 바벨을 잡고 스쿼트를 하는 것은 다소 불편함을 유발하는 것이 사실이다.

견착이 너무 중요해서 다시 강조하며 정리해 보겠다. 우선 견착은 손이나 손목에 바벨을

▷ 영상바로가기

스쿼트 견착 다양한 그립

일반적인 스쿼트 그립

썸리스(thumbless) 그립

탈론(talon)그립

없는 것이 아니라 등 위에 바벨을 놓는 것이다. 이 부분을 많은 사람들이 놓쳐서 손목 위에 바벨을 올려 손목 통증을 호소한다. 다시 한번 말하지만 등 위에 바벨을 얹는 것이다. 이때 흉추를 신전한다면(체스트업을 한다면) 바벨이 위치할 수 있는 공간이 거의 없게 된다. 그로 인해서 흉추를 신전하면 손목이 아플 가능성이 크고, 손목이 아프다면 내가 가슴을 열고 있는 것은 아닌지 한번 체크를 해봐야 한다. 가슴을 열지 않고 등 위에 바벨을 잘 얹었다면 내가 그 자세에서 호흡을 할 수 있는지, 특히 브레이싱을 할 수 있는지 체크를 해봐야 한다. 내가 그 자세에서 호흡을 하지 못한다면 아마 자세를 잘못 잡았기 때문이다. 마지막으로는 손으로 바벨을 몸쪽으로 더 끌어당겨야 한다. 그 이유는 바벨을 조금 더 몸에 붙이면 붙일수록 강한 견착이 되기 때문이고, 또한 부가적으로 광배근이 활성화 되어서 허리를 보호할 수 있게 된다. 즉 바벨이 내 몸으로 이미 부하를 주고 있지만, 바벨을 아래쪽으로 끌어당긴다는 생각으로 끌어내리면 견갑골이 하강을 하게 되고 그로 인해서 광배근이 활성화 되어서 더 단단한 상체를 만들 수 있게 된다.

언랙(Unrack)

바벨을 랙으로부터 들고 나오는 것을 언랙이라고 하는데, 이 단순한 동작도 제대로 배워두면 좋다. 그 이유는 무게가 가벼울 때야 어떻게 들고 나오던지 큰 상관이 없는데, 무게가 무거워질 수록 들고 나오는 것도 힘이 많이 든다. 그래서 에너지 낭비를 최소화 하면서 들고 나오는 것을 제대로 배워둔다면 큰 도움이 될 것이다.

우선은 두 발로 바벨 밑에 서서 바벨을 들기 전에 견착과 브레이싱을 한다. 언랙은 바벨을 드는 행위이기에 브레이싱을 하지 않고 바벨을 들다가 자칫 부상의 위험이 있고, 브레이싱의 유무에 따라 바벨이 주는 무게감이 매우 차이가 나기 때문이다. 브레이싱과 견착을 잘

했다면 바벨을 랙에서 든다. 이때의 움직임은 위로만 있어서 바벨을 들고 나서는 잠깐 멈출 수 있어야 한다. 바벨을 대각선 방향으로 들었다면 들고나서 정지가 힘들 것이다. 바벨을 랙에서 들었다면, 이제 총 세 걸음을 통해서 스쿼트를 할 위치로 이동한다. 첫발은 뒤로 한 발자국, 두 번째 발도 뒤로 한 발자국, 그리고 마지막은 발 너비를 맞추는 데 사용하면 된다. 이렇게 최소한의 에너지로 스쿼트 하기 직전까지를 만들어주는 것이 언랙의 핵심이다.

하강&상승(Sequence)

하강과 상승은 고블렛 스쿼트와 동일하다. 하강 하기전 발의 무게 중심을 잘 느끼고, 브레이싱으로 몸통을 단단하게 만든다. 그리고 주저앉는 것이 아니라 스스로 바벨을 끌고 내려간다는 생각으로 하강한다. 이때 발 중앙에 무게 중심이 있어야 하고, 약간 앞으로 쏠리는 편이 뒤로 쏠리는 것보다 훨씬 안전하다. 그리고 바벨이 움직이는 궤적이나 상체의 각도는 신경 쓰지 않아도 괜찮다. 앞서도 말했지만 사람마다 신체 비율이 다 다르기에 상체 각도는 숙여져도 괜찮다. 또한 바패스가 직선이 되어야 한다고 많이 알고 있지만 사실이 아니기에, 우선은 그런 것에 신경 쓰기보다는 발의 느낌을 느끼는 것이 먼저 선행되어야 한다.

스스로 컨트롤 해서 내려갔다면 상승은 너무 쉬워진다. 왜냐면 내가 이미 브레이싱으로 내 몸에 압력을 채워놓았고 하강을 하면서 근육에 긴장도가 높아지면서 내 몸은 터질 것 같은 압력밥솥 상태가 되기 때문이다. 그래서 그런 터질 것 같은 느낌을 그대로 바벨에 힘을 전달한다는 생각으로 일어나기만 하면 된다. 다시 한번 말하지만 잘 앉으면 잘 일어날 수 밖에 없다. 그러니 잘 앉는 연습을 먼저하고 불편감이 든다면 다시 레벨1에서 부족한 부분을 반복한다.

호흡

 120page

운동에서 호흡은 기술이다. 그러니까 이 기술의 숙련도가 높은 사람은 호흡을 깊게 들이 마셔 배 아래 깊숙이 호흡을 집어넣을 수 있고, 초보자라면 가슴에 호흡을 집어넣을 가능성 이 크다. 그렇기에 사실 호흡도 부단히 연습을 해야 하는 기술 중 하나이기에, "브레이싱" 파트에 나와있는 방법을 꾸준히 연습해서 이 호흡이 자연스럽게 되어야 운동 중에 브레이 싱을 제대로 할 수 있다. 다시 한번 강조한다. 호흡도 기술이다. 연습이 필요하다.

내가 좋아하는 표현이 있는데, "if you can't breathe in a position, you don't own that position." '어떤 자세에서 호흡을 하지 못한다면, 아직 그 자세를 할 준비가 되지 않았다'라 는 표현이다. 호흡은 일상에서 별다른 노력 없이 할 수 있는 행위이지만, 무거운 무게를 들 고 하는 호흡은 차원이 다르다. 그렇기에 무거운 무게 속에서 호흡을 할 수 있도록 부단히 연습을 해야 한다.

초보자의 경우 언제 호흡을 할까에 집중하지 말고 편안하게 호흡을 할려면 어떻게 해야 할까를 고민하는 것이 더 바람직하다.

▶ 영상바로가기

그림1 견착 후 스쿼트를 할 위치까지 걸어 나온다.

그림2 발가락으로 액티브 그립을 잡고 브레이싱을 한다.

그림3 무게중심을 잘 잡으며 아래로 내려간다. 이때 힘을 풀지 않고 버티면서 내려가야 한다.

그림4 잘 내려갔다면 땅을 잘 밀면서 올라오면 된다.

chapter
04

- 벨트
- 니슬리스 & 니랩
- 리스트랩
- 역도화
- 바벨
- 기타

　　운동을 하다 보면 통증이 발생한다. 그때 사람들은 통증에 대한 해결책으로 장비에 대해서 알아본다. 그러나 이런 접근이 어쩌면 더 큰 통증을 유발할 수도 있다는 점을 알아야 한다. 가령 허리가 아파서 벨트를 착용한다고 해보자. 사실은 내가 들지 못하는 무게에서 그만두었어야 하는 것을 벨트를 착용함으로써 더 높은 무게에서 운동을 하다 더 큰 부상을 입는 경우가 발생한다. 벨트 뿐만 아니라 손목 보호대, 무릎 보호대 등등 모두에 해당 되는 이야기이다. 그래서 사실 장비는 퍼포먼스의 증가를 위해서 착용하는 것이지 내 관절을 보호하기 위한 우선적인 목표는 아니라는 것을 반드시 이해해야 한다. 스쿼트를 할때 어떤 장비를 언제, 그리고 왜 사용해야 하며, 장비가 주는 장단점에 대해서 이야기를 해보도록 하겠다.

 벨트　　　　　　　　　　　　　　　　　　　　　　　　　

　　대다수의 사람들이 스쿼트를 하다가 벨트를 구매하는 시점은 허리가 아플 때이다. 허리가 아프면 '벨트를 사야 하나?'라는 생각이 든다. 그러나 이는 앞서 말했듯 좋은 접근법이 아니다. 허리가 아프면 왜 허리가 아픈지 원인을 찾아 그 원인 제거를 먼저 해야 한다. 그 다음, 스쿼트에서 어떤 목적성이 생기고 난 뒤에 벨트를 살 것을 추천한다. 목적성이라고 하면 스쿼트를 조금 더 무거운 무게를 들어야 한다던가, 조금 더 스쿼트에서 부하량을 올리기 위해서 횟수나 세트 수가 증가해야 한다던가의 경우 말이다. 그럴 때는 벨트를 착용하는 것이 더 하체 근육을 잘 사용하게 도와준다. 그 이유는 사실 벨트는 허리를 보호하기는 하나, 그 존재의 목적 자체가 보호가 아니라 복압의 증가이기 때문이다.

주먹으로 허공을 민다고 생각해 보자. 이때 우리는 강한 힘을 내기가 어렵다. 반대로 벽에 주먹을 대고 밀어보자. 아까보다 훨씬 더 강력하게 밀 수 있다. 그러한 이유로 배 앞에 벽을 하나 만들어주는 것이다. 그럼 우리는 배로 호흡하는 것에 인지가 더 강해지고 배로 호흡을 강하게 집어넣어서 벽을 밀어내는 힘이 생긴다. 그게 바로 복압이고, 이 복압은 단단한 상체를 만들어주는 핵심이 된다. 마치 에어백으로 내 몸이 구부러지지 않게 하는 효과가 있는 것이다.

벨트를 너무 강하게 조이는 것은 복압을 올리는 목적성을 이해하지 못하고 허리를 보호한다고 생각하기 때문에 발생되는 문제이다. 벨트를 강하게 조이면 허리의 보호가 되기는 한다. 하지만 너무 강하게 조이는 벨트는 배 속으로 들어갈 공기를 제한시키고, 자칫하면 갈비뼈나 골반, 그리고 다리로 이어지는 신경을 누를 수도 있다. 벨트를 착용하는 타이트함은 개인의 선호도이지만, 손이 하나쯤은 들어갈 수 있도록 벨트를 착용하고 호흡을 통해서 그 공간을 채우는 것이 일반적이다.

니슬리브 & 니랩

📷 **126page**

웨이트 트레이닝에서 착용하는 니슬리브 및 니랩은 "무릎 보호대"로 번역하는 것이 올바르지 않다. 왜냐면 애초에 이 장비의 목적이 무릎을 보호하는 것에 있지 않기 때문이다. 말 그대로 무릎에 끼는 슬리브이고, 무릎에 감는 랩이다. 두 장비 모두 무릎을 어느 정도 압박하는 효과가 있기에 당연히 무릎 보호의 기능을 하긴 하지만, 주요 기능이 그것이 아니라는 것을 꼭 알아야 한다. 무릎 통증이 있다면 니슬리브로 그 통증을 가릴 것이 아니라, 통증 원인 제거해야 한다는 사실을 다시 한번 강조한다.

▶ 영상바로가기

📁 사진자료 42

벨트 착용 방법

그림1 벨트는 꽉쪼으는 것보다 손 하나 들어갈 정도 여유를 남기고 벨트를 착용한다.

그림2 호흡으로 벨트를 밀어내어 더 단단한 복압을 형성한다.

📁 사진자료 43

니슬리브 vs 니랩

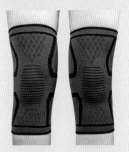

니슬리브 Knee Sleeves

니랩 Knee Wraps

▶ 영상바로가기

📁 사진자료 44

올바른 손목 보호대 착용 위치 vs 잘못된 위치

그림1 손목이 구부러지지 않게 구부러지는 부분에 손목 보호대를 착용해야 한다.

그림2 손목 아랫부분에 착용하면 구부러지는 것을 막아줄 수 없다.

니랩은 "장비" 리프팅이라고 불리는 매우 무거운 무게를 드는 리프팅을 위해 고안된 장비이다. 이는 마치 무릎에 깁스를 하는 것 같은 효과를 준다. 즉 무릎이 구부러지지 않게 만들어줌으로써, 높은 무게를 저항할 수 있게 되는 것이다. 당연히 높은 무게를 다루게 해준다는 이점은 있지만, 그것은 내 힘으로 하는 행위가 아니라, 장비의 도움을 받는 것이므로 수순한 힘의 증가라고 보기는 어렵다. 뿐만 아니라 무릎이 가장 많이 구부러지는 스쿼트의 최하단부에서 이 장비는 가장 큰 힘을 내는데, 그로 인해서 무릎이 가장 많이 구부러졌을 때 활성화되는 대퇴사두근의 활성도가 떨어진다는 연구도 존재한다.

니슬리브는 니랩의 보급버젼이라고 생각하면 된다. 착용의 편의성이 추가되면서 니랩만큼의 강력한 효과를 내지는 못한다. 니슬리브를 단순히 보온용으로 착용하는 사람도 많다. 니랩 및 니슬리브를 장기간 착용할 시, 허벅지 근육의 불균형적인 발달이 일어난다. 무릎이 가장 많이 구부러질 때 허벅지 근육은 가장 많이 늘어나게 되는데, 이때 허벅지 근육이 가장 많은 일을 하게 되어서 근비대가 일어나게 되는 것이다. 이 장비는 이를 다소 억제하는 효과가 있기에 니랩 및 니슬리브를 늘상 착용하기 보다는, 고중량 훈련에서 1~2세트 정도 착용을 해주는 편이 좋다. 그리고 나머지 가벼운 훈련을 할 때는 장비를 착용하지 않고 순수한 근육의 힘으로 무게를 들어 올리는 연습도 꼭 해주어야 한다.

리스트랩

리스트랩은 손목보호대로 알려져 있다. 우선 스쿼트는 바벨을 등에 얹고 진행하는 하체운동이므로 손목에 부하가 걸린다는 것은 무언가 잘못되었음을 뜻한다. 그렇기에 반드시 자세 점검을 다시 한번 해보아야 한다. 그럼에도 불구하고 손목이 지속적으로 아플 때 손목보호대를 착용하는데, 하이바를 하는 경우 보다는 로우바를 할 때 손목이 더 아프다. 그 이유는 당연히 어깨의 가동성 요구도가 로우바가 높기에 즉, 레벨이 로우바가 더 높기 때문이다. 해당 레벨이 되지 않으면 당연히 어깨의 보상을 손목이 하게 되고 그로 인해서 손목이 아픈 것이다.

손목 보호대를 착용하는 방법은 쉬우면서도 잘 모르는 경우가 많다. 왜냐면 그냥 손목에 두르기만 하면 된다고 생각해서인데, 실은 그렇지 않다. 손목 보호대는 아대가 아니다. 손목이 구부러지는 부분에 손목이 구부러지지 않게 감싸야 한다. 초보자들은 손목 아랫부분에 보호대를 차는 실수를 범한다. 이 실수를 꼭 피하도록 하자.

역도화

 131page

역도화는 역도라는 스포츠를 더 잘하기 위해서 만들어진 장비이다. 역도화를 스쿼트화라고 착각하는 경우가 많다. 역도화가 나온 이유에 대해서 알아보도록 하자.

역도라는 스포츠는 바벨을 머리 위로 들기 위한 운동이다. 즉 더 깊이 앉을수록 바벨을 들기 유리해지는 것이다. 그렇기에 역도 선수들은 이미 충분한 발목 가동성을 가졌지만, 그보다 더 깊이 앉기 위해서 역도화라는 굽이 있는 신발을 신어서 추가적인 발목의 범위를 만들어낸다. 그로 인해서 역도 선수들은 엉덩이가 땅에 닿을 때까지 앉는 ass-to-grass라는 풀 스쿼트가 가능해지는 것이다.

우리가 역도라는 스포츠를 하지 않는 한 역도화는 필수적인 장비가 아니다. 스쿼트를 배우는 초기 단계부터 역도화를 사용하게 되면 발과 발목의 올바른 사용법을 배우지 못한다는 큰 단점이 존재한다. 그렇기에 운동 초기에는 올바른 가동성을 확보할 수 있는 레벨 1단계의 운동을 반드시 진행하면서, 스쿼트를 배워나가는 과정을 꼭 거쳐야 한다.

역도화를 선택적으로 사용하면 도움이 되는 경우도 있다. 예를 들어 오른발과 왼발의 가동성이 다른 경우이다. 나 또한 이 경우에 해당이 되는데, 오른쪽 발목이 교통사고를 당한 이력이 있어서 오른쪽 발목은 왼쪽 발목처럼 움직이지 못한다. 이를 보완하기 위해서 역도화를 신는다. 이 경우와 비슷하게 발목에 어떤 부상 이력이 있는 경우 역도화를 신는 것은 좋은 선택이다.

또 다른 경우는 목적성이 있는 스쿼트를 하기 위함이다. 파워리프팅이라는 대회에서는 특정 깊이 이하로 앉아야 스쿼트의 기록이 인정이 되기에, 역도화를 신어서 그 깊이를 만드는 경우도 있다. 보디빌딩에서는 무릎이 많이 나갈수록 허벅지 앞쪽 근육을 많이 사용할 수 있다는 이점이 있어서 의도적으로 역도화를 신어서 허벅지 앞쪽 근육의 비대를 도모하기도 한다.

역도화는 일반적으로 0.5cm~1cm 까지의 뒷굽이 있다. 이 높이는 사용자의 선호도에 따라서 또는 목적에 따라서 선택을 하면 된다. 일반적인 경우라면 그냥 평평하고 딱딱한 신발을 신는 것을 추천한다. 맨발이 최고의 헬스화이고, 푹신한 러닝화는 최악의 헬스화이다.

바벨에도 종류가 있다. 일반적으로 헬스장에서 사용하는 바벨을 탄력봉이라고 한다. 탄력봉은 지름 28mm, 길이 2200mm 가 일반적인 규격이다. 탄력봉 이라고 부르는 이유는 바벨에 탄성이 존재해서 원판을 꽂으면 바벨이 어느 정도 휘었다가 제자리로 돌아간다는 특성이 있기 때문이다. 그리고 일부 선수들은 이 탄력을 이용해서 스쿼트를 하는 기술을 가지고 있다. 그래서 바벨마다 미묘하게 다른 테크닉들이 존재를 한다는 사실도 한번 언급하고 넘어가겠다.

29mm의 지름을 가진 파워바라고 불리는 바벨도 있다. 1mm의 지름 증가에서 느껴지듯이 뭔가 더 강한 바벨이다. 이 바벨은 잘 휘어지지 않는 특성이 존재하고 그로 인해서 더 딱딱한 무게감을 준다. 이러한 무게감은 흔들리지 않는 안정감을 준다는 장점이 있어서 고중량 스쿼트를 하는 사람들은 주로 이런 바벨을 사용한다.

📁 사진자료 45

역도화 & 플랫화

역도화   플랫화

▶ 영상바로가기

📁 사진자료 46

파워바 vs 올림픽바

그림1 파워바는 잘 휘지 않는다.   그림2 역도용 바벨에는 탄력이 존재한다.

chapter 05

스쿼트에 대한 궁금증?

- 스쿼트는 안전할까?
- 벗윙크의 원인과 해결 방법
- 사람마다 스쿼트 자세가 다른 이유
- 수직선 바패스가 틀린 이유
- 벗윙크의 원인과 해결 방법
- 다리는 넓게 벌리는 것이 좋을까? 좁게 벌리는 것이 좋을까?
- 시선 처리
- 팔꿈치 통증

- 앞쪽 허벅지를 키우려면 어떻게 스쿼트를 해야 할까?
- 다리 운동은 스쿼트만 해도 될까?
- 무릎이 안쪽으로 모이는 것은 나쁜 것인가?
- 바벨이 닿는 곳의 뼈가 아프다?
- 한쪽으로 쏠려서 앉는다면?
- 무릎이 발끝을 넘어가도 괜찮을까?
- 스쿼트를 잘하면 달리기가 빨라질까?
- 무겁게 스쿼트 하는 것은 좋지 않다?
- 뻣뻣한건 안좋다?

스쿼트에 대한 궁금증?

1. 스쿼트는 안전할까?

'세상에는 나쁜 개가 없다.'는 표현을 들어본 적이 있는가? 그렇듯 세상에는 나쁜 운동이나 위험한 운동은 없다. 다만 내가 어떤 운동에 준비되지 않았다면 그 운동은 나에겐 위험한 것이다. 최고의 운동으로 알려져 있는 걷기조차, 무릎이나 허리가 좋지 않은 사람들에게는 위험한 운동이 될 수 있다. 그래서 내게 '스쿼트는 안전한 운동인가?' 라고 물어본다면, 적절한 가동성과 움직임을 익힌 완벽한 자세로 수행하는 스쿼트는 안전하고 대답할 수 있다. 앞에 나온 레벨1, 레벨2 그리고 레벨3의 운동까지 모두 완벽히 습득하고 무게를 드는 스쿼트를 한다면 스쿼트는 안전하다. 운동에는 단계가 있고, 스쿼트에도 단계가 있다는 사실을 다시 한번 기억하자.

2. 벗윙크의 원인과 해결 방법 📷 135page

벗윙크는 스쿼트를 하다가 엉덩이가 움직이면서 윙크를 하는것 같다고 해서 붙여진 이름이다. 이 동작은 사실 어떻게 보면 자연스러운 동작이 맞다. 우리는 쪼그려 앉을 때, 골반이 살짝 뒤로 회전을 하면서 앉기에 엉덩이가 조금은 움직인다. 그래서 이 움직임을 굳이 피할 필요가 없다고 말하는 사람도 있다. 그러나 모든 것에는 문맥이 필요한데, 맨몸 스쿼트 같이 부하가 없는 자연스러운 스쿼트에서는 사실 뭘 하든 자연스럽기만 하면 된다. 그런데

▷ 영상바로가기

📂 사진자료 47

스쿼트 벗윙크 사진

▷ 영상바로가기

📂 사진자료 48

프론트 스쿼트

우리가 보통 하고자 하는 스쿼트는 무게를 드는 동작이기에 움직임이 발생하면 위험하다. 사실 벗윙크는 요추(허리)의 구부러짐과 골반의 후방 회전을 표현하는 것인데, 이때 위에서 무게가 누르고 있다면 허리에 엄청난 전단력이 발생된다. 그래서 벗윙크를 계속하다 보면 언젠가 허리가 아플 수 밖에 없다.

▌ 벗윙크를 해결하는 첫 번째 방법

가장 쉽게 해결하는 방법은 범위를 줄이는 것이다. 내가 가장 깊게 앉을 수 있는 범위를 100이라고 했을 때, 벗윙크가 일어나지 않는 선에서 스쿼트의 범위를 줄이는 것이 좋다. 예를 들어 70에서 벗윙크가 일어나기 직전이라면 70에서 머무르다 80, 90, 100을 향해서 나아가면 된다. 이것도 마찬가지로 범위가 레벨이라고 생각을 한다면 쉽게 해결이 될 것이다.

▌ 벗윙크를 해결하는 두 번째 방법

다른 방법으로 레벨업을 하는 방법이 있다. 앞서 소개된 고블렛 스쿼트는 바벨 백스쿼트보다 레벨이 낮다고 했었다. 그렇기에 고블렛 스쿼트로 벗윙크가 일어나지 않는지 체크를 하면서 일어나지 않게끔 주의하며 스쿼트를 한다. 그런 다음 고블렛 스쿼트에서 충분히 연습이 되었다면, 다음 레벨로 올라가면 되는데 이 단계는 프론트 스쿼트이다. 바벨을 몸 앞에 잡고 하는 스쿼트로 고블렛 스쿼트보다는 어렵고 그리고 바벨 백 스쿼트보다는 쉽다. 그렇기에 이 동작에도 벗윙크가 일어나지 않을 때까지 충분히 연습을 한 뒤 바벨 백 스쿼트에 진입하도록 한다.

사실 벗윙크는 발목의 가동성 부족, 복압의 부족, 허벅지 앞쪽의 과긴장, 또는 척주기립근의 과사용 등의 문제를 진단하여 해결할 수도 있다. 하지만 우리는 앞서 배운 운동의 레벨이라는 시선에 입각하여 운동을 접근한다면 복잡하지 않고 스스로 문제를 해결 할 수 있는 방법들을 만들어 낼 수 있을 것이라 믿는다.

✔️ **Correct**   ✖️ **Butt Wink**

3. 사람마다 스쿼트 자세가 다른 이유

우선 이 이야기를 두 가지 시선으로 풀어보겠다.

▌첫 번째는 서로가 생각하는 바른 자세가 달라서이다.

이 이야기는 꼭 해주고 싶은데, 우리는 바른 자세에 대한 정확한 이해가 없다. 지금 글을 읽는 순간 바른 자세로 한번 앉아보아라. 그럼 90% 이상의 확률로 허리를 펴고 가슴을 펴고 반듯반듯한 자세를 취할 것이다. 그리고 아이러니하게 이런 바른 자세가 운동을 할 때도 바른 자세라고 생각을 하는 것 같다.

복싱선수는 왜 라운드 숄더에 거북목 자세를 만드는 걸까?

　그런데 한번 복싱 선수를 떠올려보자. 복싱 선수는 가드를 하기 위해서 등을 굽히고, 상대를 잘 바라보기 위해서 목을 앞으로 뺀다. 전형적인 라운드 숄더에 거북목이다. 하지만 복싱에서는 이 자세가 바른 자세인 것이다. 다른 예를 한번 들어볼까? 운동할 때 허리를 구부리지 말라고 한다. 윗몸일으키기는 디스크를 터지게 만드는 운동이라고 한다. 자, 그럼 이번엔 사이클 선수를 한번 생각해보자. 사이클 선수가 허리를 꼿꼿이 펴고 자전거를 탄다면, 공기 저항에 부딪혀 힘든 라이딩을 하게 될 수밖에 없을 것이다.

　이렇듯 각각의 운동에 최적화된 자세가 바른 자세여야 하지, 우리 머릿속에 있는 반듯반듯한 자세는 그냥 앉아 있을 때의 바른 자세일 뿐이다. 그러니 제발 운동을 할 때, 바른 자세를 만들려고 하지 말자. 역도 선수들의 스쿼트를 보고 그 자세를 따라하는 경우가 많다. 역도에서 바른 자세는 무엇일까? 역도는 머리 위로 바벨을 들기 위한 운동으로, 스쿼트를 할 때 가능한 깊게 그리고 가능한 상체를 세워서 앉는 자세가 역도에서의 바른 자세이다. 그리고 그 이유는 스쿼트를 더 잘하기 위해서가 아니라 머리 위로 무게를 들기 위해서이다. 반대로 파워리프팅을 하는 사람들은 유일한 목적이 스쿼트 자체를 무겁게 드는 것이다. 그렇기에 이 둘의 자세는 다를 수 밖에 없다. 그래서 사람들마다 스쿼트를 하는 목적 자체가 다르고 그로 인해서 자세가 달라질 수밖에 없다.

■ 두 번째는 구조적인 이야기이다.

사람은 당연히 신체 비율이 다르다. 키가 똑같다고 해도 어떤 사람은 다리가 길고 어떤 사람은 그 사람에 비해 다리가 짧다. 다리가 짧으면 상대적으로 쪼그려 앉아도 상체를 많이 세워서 앉을 수 있고, 다리가 길다면 엉덩이를 쭉 뒤로 빼고 앉아야 하기 때문에 상체가 숙여질 수밖에 없다. 이런 신체의 비율 말고도, 골반의 생김새에 따라 스쿼트를 하는 모양이 굉장히 다르다. 남자와 여자는 골반의 모양이 다른데, 그로 인해서 스쿼트 자세가 다를 수밖에 없다. 그 이외에도 발목의 구조, 허벅지 뼈가 골반과 이루고 있는 각도 등등 수많은 변수가 사람들의 자세를 다르게 만든다. 그러니 그냥 스스로가 느끼기에 제일 편하고 안전한 자세가 바른 자세라는 생각을 하는 것이 좋고, 그리고 그게 맞다.

4. 수직선 바패스가 틀린 이유　　📷 140page

결론부터 이야기 하자면, 스쿼트를 하는 동안 바패스를 전혀 신경 쓰지 않아도 된다. 오로지 내 발에 느껴지는 무게중심이 무너지지만 않는다면 그 이외의 복잡한 것들을 신경 쓸 필요가 없다.

바패스에 관한 진실을 이야기하자면, 바패스는 수직선일 수가 없다. 엄밀히 따졌을 때 말이다. 운동 고수들이 우스갯소리로 하는 표현이 있다. "빈 봉에 제일 힘들다." 빈 봉으로 스쿼트 할 때보다, 어느 정도 무게가 있을 때 스쿼트의 무게중심이 더 잘 맞는다. 그 이유를

빈봉 무게 중심 vs 무거운 무게일 때 무게중심

그림1 빈 봉일 때는 엉덩이의 무게가 더 무거워서 바벨이 미드풋에서 벗어난다.

그림2 무게가 무거워질수록 바벨은 점점 미드풋쪽으로 가깝게 온다.

역학적으로 조금 풀어보겠다.

　　60kg의 성인 남성이 20kg 의 바벨을 들고 스쿼트를 한다고 생각해 보자. 바벨을 기준으로 정확하게 5:5 의 무게로 사람이 나누어질 수 있을까? 불가능하다. 왜냐면 우리의 엉덩이가 너무 무겁기 때문이다. 바벨과 무게 중심을 맞추려면 지렛대의 원리에 의해서 바벨은 내미드풋 보다 조금 앞으로 가야만 한다. 그래야 무게 중심이 맞다. 그리고 바벨의 무게가 점차 늘어날수록 바벨의 무게중심은 미드풋에 점차 가까워지게 된다. 그래서 바벨의 절대적인 무게와 사람의 몸무게에 따라 바벨의 궤적은 조금씩 달라지기에 바벨의 궤적을 전혀 신경쓸 필요가 없다. 내 발의 중심에 무게가 온전히 실리기만 한다면 말이다.

5. 다리는 넓게 벌리는 것이 좋을까? 좁게 벌리는 것이 좋을까?

📷 142page

　　스쿼트 수행자의 목적에 따라 스쿼트의 스탠스가 달라지나, 일반적으로는 고관절의 굴곡이 가장 많이 일어나는 위치에서 스쿼트를 하는 것이 안전하다. 누워서 허리를 고정시켜놓은 채로 반대로 스쿼트를 하는 것 처럼 다리를 당겨보면 편안하게 올라가는 다리의 위치가 있고, 불편하게 올라가는 다리의 위치가 있다.

▶ 영상바로가기

누워서 다리 들어 올리는 자세 + 스쿼트 자세

	엉덩이가 뒤로 빠짐 Sitting Back More		무릎이 앞으로 나감 Knees Forward More

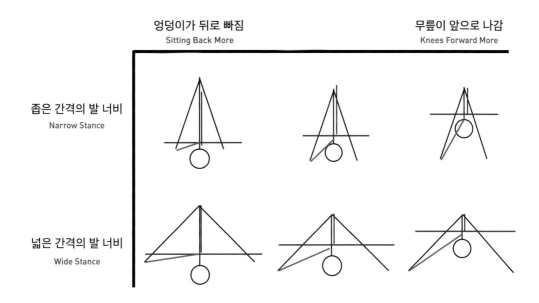

가령 스쿼트를 좁게 하는 사람들은 보폭이 좁은 상태에서 다리가 잘 올라갈 것이고, 다리를 넓게 벌리고 스쿼트를 하는 사람이면 다리를 넓게 벌려야만 다리가 잘 올라갈 것이다. 허벅지 뼈를 몸쪽으로 당기는 것을 고관절 굴곡이라고 하는데, 이 고관절 굴곡이 몸 앞에서 바로 일어나는 사람들은 상대적으로 11자의 스쿼트가 가능하고 몸 밖으로 벌어지면서 굴곡이 일어나면 8자의 스쿼트가 되는 것이다. 추가적으로 이 위치는 골반의 입장에서 편한 것이고, 이 위치에서 발목이 받쳐주지 않으면 골반과 발목의 편한 중간지점으로 다리 위치를 수정해야 한다. 그 이외에 의도적으로 다리를 넓게 벌려서 스쿼트를 하는 사람들이 존재를 한다. 넓은 스탠스를 추천하지는 않지만 명확한 이점이 있기에 그 이점들을 설명해 보겠다. 우선, 다리를 넓게 벌리면 허리가 상대적으로 받는 부하가 적어진다. 그 이유는 다리를 넓게 벌리면 앞으로 나가는 다리의 비율이 옆으로 벌어지는 비율과 교환이 되면서 상대적으로 높은 각의 상체를 유지할 수 있기 때문이다.

두 번째는, 가동 범위의 이점이 있다. 다리를 넓게 벌리면 푹 주저앉기 힘들기 때문에 짧은 가동 범위로 운동을 할 수 있고, 그로 인해서 더 많은 무게를 들 수 있다는 장점이 있다.

세 번째는, 대내전근이라는 adductor magnus 근육을 쓸 수 있다는 장점이 있다. 이 근육은 고관절 신전을 강력하게 만들어주는 근육이다. 그렇기에 이 근육의 참여 비율을 높이면 강한 힘으로 바벨을 들어 올릴 수 있는 장점이 있다. 하지만 반대로 부상의 빈도가 높은 근육이기에 넓은 자세의 스쿼트를 추천하지 않는다.

6. 시선 처리

헬스장에서 사람들의 스쿼트를 망치는 주범은 "거울"이다. 운동을 하면서 자신의 자세를 체크하는 것은 좋지만, 스쿼트를 할때 시선을 거울에 고정을 하게 된다면, 목이 들리고 그로 인해서 가슴이 들리며, 결과적으로 복부가 열려서 허리를 보호 할 수 없게 된다. 그렇다면 우리는 어디를 보고 스쿼트를 해야 할까?

사실 정답은 없다. 수 많은 사람들은 제각각의 시선 처리를 한다. 높게 하늘을 보는 사람, 정면을 보는 사람, 그리고 땅을 보는 사람. 하지만 중요한 것은 그 지점에 시선을 고정한다는 것. 목뼈인 경추의 각도가 스쿼트를 수행 내내 변함없이 유지하는 것이 중요하다. 거울을 보게 된다면 경추의 각도가 변하고 그로 인해서 흉추, 요추로 각도 변화가 일어난다. 그렇기에 우리는 스쿼트를 할 때 가상의 점을 그려놓고 그 지점에 시선을 고정하는 것을 연습해야 한다. 그리고 가급적이면 스쿼트를 할 때 거울을 보지 않도록 노력을 하고, 자신의 자세는 휴대폰으로 기록하고 체크 하는 것을 추천한다.

7. 팔꿈치 통증

통증은 우리에게 무언가 잘못 되었다는 것을 알려주는 신호이다. 그렇기에 스쿼트에서 통증이 유발되면, 우선 스쿼트를 멈추어야 한다. 그런데 또 한 번 생각해 봐야 하는 것은 정말 스쿼트에서 팔꿈치 통증이 유발된 것인지 생각해 보아야 한다. 왜냐면 생각보다 부상은 a라는 운동에서 일어나고 b 운동을 할 때 아프다고 느끼는 경우가 많이 때문이다. 통증이 심하다면 우선 병원에서 꼭 검사를 받아보자.

팔꿈치 통증은 바벨의 견착을 제대로 하지 못해서 일어나는데, 쉬운 해결책은 "하이바" 스쿼트를 하는 것이다. 팔꿈치가 아프다는 사람들의 대다수는 "로우바" 스쿼트를 하기 때문일 것이고, 로우바 스쿼트가 팔꿈치 통증을 유발하는 이유는, 로우바 스쿼트는 레벨5인데 아직 레벨5의 수준이 안되어서 그렇다. 그리고 그 레벨 5가 되기 위해서는 "어깨" 편의 어깨 굴곡, 외회전 운동을 참고하도록 하자. 또한 "흉추" 챕터의 회전 운동도 꼭 해주어야 어깨가 같이 잘 움직일 것이다.

8. 앞쪽 허벅지를 키우려면 어떻게 스쿼트를 해야 할까?

스쿼트는 전체적인 다리 운동이다. 하지만 스쿼트에서 바벨의 위치에 따라 사용되는 다리 근육의 비율이 좀 달라진다. 일반적으로 발끝을 기준으로 무릎이 많이 나갈수록 허벅지 앞쪽이 많이 사용되고, 무릎이 덜 나올수록 허벅지 뒤쪽이 많이 사용된다.

즉, 프론트 스쿼트나 하이바 스쿼트는 허벅지 앞쪽 사용 비율이 높고, 로우바 스쿼트는 상대적으로 허벅지 뒤쪽 근육의 사용 비율이 높다. 하지만 이는 물리적인 관점에서의 이야기이다. 우리 몸은 전체가 연결되어 있기에 어떤 근육만 단독적으로 쓰이지 않는다. 그렇기에 내 몸에 통증을 유발하지 않는다면 어떤 스쿼트를 하더라도 허벅지 근육을 충분히 단련시킬 수 있다.

9. 다리 운동은 스쿼트만 해도 될까?

스쿼트는 하체 운동의 꽃이라 불리고 부정할 수 없는 사실이다. 스쿼트가 정말 좋은 운동인 것은 사실이지만 모든 다리 근육을 골고루 발달시켜 주지는 못한다. 가령, 대퇴 직근과 햄스트링의 참여율은 스쿼트에서 낮은 편이고 이를 보완할 수 있는 운동을 꼭 해주어야 한다. 즉, 운동도 하나로 편식이 된다면 불균형을 유발하기 때문에 항상 다양한 운동을 해주는 것이 좋다.

그런데 사실 스쿼트만 해줘도 충분하긴 하다. 내가 이렇게 말하는 데는 이유가 있는데, 현대인들은 정말로 하체 근육을 쓸 일이 잘 없기 때문이다. 이동할 때 조금 하체 근육을 쓰는 사람이라면 스쿼트만 하더라도 충분히 건강해질 수 있다. 그렇기에 지금 당장 '이 운동, 저 운동' 할 생각에 머리가 아프다면 당장 맨몸으로 스쿼트만 해도 된다는 사실을 꼭 기억했으면 좋겠다. 뭐든 시작이 힘들기에, 시작하자.

10. 무릎이 안쪽으로 모이는 것은 나쁜 것인가? 📷 147page

일반적인 통념과는 다르게, 무릎이 안으로 모이는 것은 나쁜 것이 아니다. 다만 그 정도가 지나치면 나쁜 것이 된다. 그럼 지나친 정도는 어떤 것인가? 나에게 통증을 유발한다면, 특히 무릎이나 허리에 통증을 유발한다면 지나친 것이다.

스쿼트시 무릎이 안쪽으로 모인다면 밴드를 끼면 도움이 된다.

우선, 적당히 무릎이 안쪽으로 모여도 괜찮은 이유를 말해보겠다. 우리 몸은 로봇처럼 특정 각도에서만 움직이지 않는다. 어떤 범위내에서 움직이기 때문에 그 범위안에서만 움직인다면 사실 괜찮은 것이다. 그렇기에 꼭 우리 몸은 대칭이 맞지 않아도 괜찮고, 한쪽으로 쏠려서 앉아도 괜찮은 것이다. 또한, 역도 선수들중에는 의도적으로 무릎이 모이는 것을 사용하는 선수들도 존재한다. 하강 시 무릎을 바깥으로 열면서 앉으면 고관절 외회전이 발생하고, 이를 안쪽으로 모으는 내회전을 사용하면 순간 엄청난 폭발력이 발생할 뿐더러, 스쿼트에서 발생되는 모멘트 암이 감소하면서 역학적인 이점이 발생한다. 그러나, 일반인의 관점에서는 무릎이 안쪽으로 모이는 것을 다소 경계해야 한다.

무릎이 안쪽으로 모이는 이유를 보면 내가 힘을 내기에 불리한 위치에 있어서 힘을 내기 유리한 안쪽으로 다리가 모이는 것이다. 즉 스탠스를 넓게 섰기에 발생하는 문제이다. 이것은 발목이 유연하지 않기에 좁은 스탠스로 서지 못할 때 발생하는 문제이기에, 발목 운동을 꾸준히 해주면서 무릎이 모이지 않는 위치로 스탠스를 좁히도록 노력해야 한다.

두 번째로 무릎이 안쪽으로 모이는 이유는, 근육을 사용하는 방법을 몰라서이다. 보통 나는 현장에서 수업을 할 때, "패턴 학습"이라는 표현을 쓰는데, 뇌로부터 근육이 움직이는 신호를 학습하는 법을 의미한다. 어떤 동작을 처음 배우면 어떻게 근육에 스위치를 켜는지 모르기에 패턴 학습을 통해 그 동작에서 올바른 근육에 불이 켜지게 지속적인 패턴학습이 필요하다. 스쿼트 시 무릎이 안으로 모이는 경우는 허벅지를 바깥으로 벌려주는 엉덩이 근육에 불이 켜지지 않아서 그런 것인데, 이를 해결하기 위해서 무릎에 "힙밴드"를 끼고 엉덩이 근육을 활성화하는 패턴 학습을 하면 무릎이 안으로 모이는 문제는 많이 해결 된다.

11. 바벨이 닿는 곳의 뼈가 아프다?

가끔 듣는 질문이긴 한데, 바벨이 목뼈를 누를 때 어떻게 하냐는 것이다. 사실 이것의 해결 방법은 매우 쉽다. 바벨의 위치를 조금 바꾸면 된다. 조금 내리든지 조금 올리든지. 바벨은 우리 몸통 뒤에 어느 곳에 있을 수 있다. 어떤 정확한 특정 지점에 올려야 된다는 생각을 버려야 한다. 일반적으로는 상부 승모근에 바벨을 올리라고 권장을 하지만, 골격구조에 따라 그런 경우 경추를 누르는 경우도 있다. 그럴 때는 바벨을 목뼈를 피해서 조금 아래에 내리면 된다.

스쿼트 초보자들은 이런 고통을 피하는 방법으로 스쿼트 패드를 사용한다. 이 패드는 바벨과 나 사이의 공간을 만들어서, 오히려 움직임에 불안정성을 제공하게 된다. 견착을 하는 이유를 생각해 보면 바벨을 최대한 몸에 밀착시키고 싶어서인데, 오히려 패드를 통해서 공간을 만들어버린다니…

12. 한쪽으로 쏠려서 않는다면?

151page

우리는 항상 양쪽 무게를 똑같이 하고 운동을 하는데, 이를 양측성 운동이라고 한다. 그리고 양쪽 무게에 차이가 있는 것을 편측성 운동이라고 하는데, 바벨에 한쪽에만 무게를 달고 스쿼트를 하면 편측성 운동이 된다. 이때 우리는 사선 사슬로 엮여있는 코어 근육을 사용하게 되고 자동차에서 안전벨트를 맨 것과 같은 코어근육이 생긴다.

편측성 운동을 시키면 자연스럽게 무게가 중앙에 맞지 않기 때문에 한쪽으로 치우쳐 않는다. 그리고 이 운동을 해보면 본인 스스로가 느끼기에는 위험하다는 생각이 들지 않는다. 그 이유는 우리 몸은 로봇처럼 정확한 경로로만 움직여야 하는 것이 아니라 일정 범위를 안에서 움직이기 때문에, 그 범위 안에서만 움직인다면 위험하지 않기 때문이다. 그리고 오히려 좌우가 대칭이라는 생각 자체가 틀렸다. 우리는 얼굴부터 시작해서 몸속 장기까지 모두 비대칭이다. 그렇기에 오히려 대칭으로 무엇을 하려고 하는 그 자체가 몸에는 부담을 주게 된다. 그렇기에 조금 맞지 않는 발각도, 조금 다른 손 너비 등등을 그렇게 신경 쓸 필요가 없다. 스쿼트를 잘하는 사람들이 5:5 대칭이 맞는 것처럼 보여도 자세히 들여다보면 정확히 대칭일 수가 없다. 다만 우리가 마음 한구석에 계속 가져야 할 생각은, 너무 큰 편차는 좌우 기능에 불균형을 야기하기에 좌우가 다름을 인정하고 늘 똑같이 만들려는 노력을 해주어야 한다. 구체적으로 설명을 하자면, 한발로 하는 런지 같은 동작을 해보면 좌우의 차이가 느껴질 것이다. 이럴 때 좌우가 같은 무게, 같은 횟수의 수행 능력을 유지하도록 노력만 한다면 양측성 운동에서 일어나는 사소한 불균형은 크게 신경 쓰지 않아도 괜찮다.

📁 **사진자료 52**

편측성 운동

13. 무릎이 발끝을 넘어가도 괜찮을까?

무릎은 135~150도 정도가 자연스럽게 구부러질 수 있는 구조물이다. 그렇다는 말은 무릎이 생각보다 많이 구부러져도 괜찮다는 뜻이고, 일반적인 풀스쿼트에서 무릎의 구부러짐은 120도 정도가 일어나기에, 사실 아무리 깊게 앉아도 무릎은 아프지 않아야 정상이다. 즉, 무릎이 발끝을 튀어 나가는 건 괜찮다는 뜻이다. 그러나 여기에도 함정은 있다. 무릎이 120도 이상 구부러지지 않는 사람이라면 어떨까? 스쿼트에서 무릎이 120도가 구부러진다면 아마 통증을 호소 할 것이다. 또한, 애초에 무릎 통증이 있는 사람은 무릎이 많이 구부러진다면 스쿼트에서 무릎 통증을 호소 할 것이다. 그렇기에 아프지 않은 범위에서 스쿼트를 시작하여 점점 더 그 범위를 늘려나가는 방향으로 스쿼트를 해야 할 것이다. 여기서도 스쿼트의 레벨을 생각하면 좋다. 안 아픈 범위까지 앉는 것이 현재 내가 가진 레벨이고 차츰차츰 더 깊이 앉으면서 레벨을 올려 나가면 된다.

14. 스쿼트를 잘하면 달리기가 빨라질까?

스쿼트를 잘하는 사람들은 달리기도 빠르고 점프도 높게 한다는 이미지가 있다. 어느 정도는 사실이고 어느 정도는 거짓이다. 스쿼트는 다리 전체의 협응력과 파워를 길러주는 운동이기에, 원래 달리기나 점프를 잘 하던 사람이 스쿼트를 한다면 해당 동작들에 플러스 효과를 얻는 것은 당연한 사실이다. 그러나 달리기나 점프를 전혀 해보지 않은 사람이 스쿼트를 잘한다고 해서 해당 동작들을 잘 할 거라는 보장은 어렵다. 그 이유는 운동에는 특이성이라는게 존재하는데, 특정 운동을 하면 그 특정 운동을 잘하는 방향으로 몸이 적응을 하는 것이지, 다른 운동으로의 적응은 또 다른 연습이 필요하다는 것이다.

15. 무겁게 스퀴트 하는 것은 좋지 않다?

고중량 스퀴트에 대한 부정적인 시선도 존재한다. 우선 높은 무게를 다룰 수 있다는 것은 몸에 강한 탄성이 있다는 것이다. 고무줄로 비유해 보겠다. 고중량 스퀴트를 하는 사람은 높은 장력의 고무줄인 것이고, 스퀴트 중량이 낮은 사람은 낮은 장력의 고무줄 인 것이다.

이 높은 장력의 고무줄은 높은 부하가 주어졌을 때 막강한 힘을 내지만, 반대로 부하가 주어지지 않으면 잘 늘어나지 않는다. 즉 일반적으로는 뻣뻣한 상태를 유지 한다는 것이다. 그렇기에 근육이 많거나 힘이 센 사람을 생각하면 유연하다기 보단 둔하다는 느낌을 받는 이유는 고부하 훈련은 근육을 뻣뻣하게 만드는 특성이 있기 때문이다. 스퀴트가 최고의 운동인 것처럼 보여도, 일부 운동선수들이 스퀴트를 하지 않는 데는 그 이유가 있다.

16. 뻣뻣한건 안좋다?

일반적으로 우리는 뻣뻣하면 좋지 않다고 생각을 한다. 사람들은 각 관절마다의 정상 움직임 범위를 정해놓고 그 기준에 해당하지 못하면 뻣뻣하거나 문제가 있을 것으로 여긴다. 하지만 어떤 스포츠들은 그 뻣뻣함을 이용해서 운동을 하기에 뻣뻣한 것이 무조건적으로 나쁘다고 말할 수 없다. 단거리 달리기 선수들은 햄스트링이 뻣뻣하다. 고무줄처럼 햄스트링을 써야 하기에 높은 긴장감을 뒷다리에 가지고 있다. 무거운 무게를 드는 파워리프터들이나 스트롱맨들도 일반적으로 뻣뻣하다. 그 뻣뻣함이 있어야 무게를 저항할 수 있는 것이다.

일반화의 오류를 범하기 참 쉬운 부분이다. 어떤 분야에 특화되어 있는 사람들의 몸은 당연히 정상 범주에 들어갈 수 없고, 그것이 비정상인 것은 아니다. 그러나 우리는 그런 것들을 쉽게 비정상이라고 여기는 경향이 있다. 그래서 우리는 우리가 하는 운동에서 어떤 부위는 잘 움직이는 게 맞고 어떤 부위는 뻣뻣함을 의도적으로 유지해야 하는지 곰곰이 생각해볼 필요가 있다.

chapter 06

운동이란
무엇일까?

- 운동의 원리, 적응
- 운동량, 볼륨
- 휴식, 디로딩
- 식단

운동이란 무엇일까?

운동이 무엇인지 모른 채로 한다면 필패한다. 게임을 하기 전에도 게임 공략집을 읽어보고 해야 더 쉽게 플레이가 가능하듯 운동이 무엇인지 알고 하면 그 효과를 제대로 볼 수 있다. 또한, 게임에서는 룰을 모른다면 게임에서 지면 그만이지만 운동에서 룰을 제대로 숙지하지 못한다면 부상으로 이어지게 될 것이다. 그래서 우리는 운동이란 도대체 무엇을 위해서 하는 것이며, 어떤 원리로 우리의 몸을 변화시키는 것인지에 대한 규칙을 지금부터 알아보도록 하겠다.

운동의 원리, 적응

운동은 적응의 과정이다. 스트렝스 훈련을 한다면 더 높은 무게에 대해서 적응을 하는 것이고, 근비대 훈련을 한다면 더 많은 운동량에 대해 적응을 해나가는 과정인 것이다. 살을 빼는 다이어트를 하는 과정은 섭취 에너지를 줄이고 활동 에너지를 늘리는 것에 적응을 하는 과정이다.

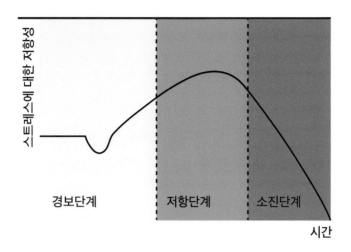

생물학에서는 "셀리에의 보편 적응 증후군"이라는 모델이 굉장히 유명한데, "스트레스-회복-적응"이라고 한 줄 요약이 가능하다. 쉽게 말하자면 운동은 우리 몸에 신체적 스트레스를 준다. 그리고 우린 그 스트레스로부터 회복을 한 다음, 스트레스에 적응을 하고 향상이 일어나서 그 스트레스에 대항이 늘어난다.

▌ 1단계, 스트레스

운동은 우리 몸에 스트레스를 준다. 사실 이 과정은 우리 몸의 입장에서는 "경고"인 것이다. 무거운 물체를 들게 되면 내 몸은 위협 반응에 대항하기 위해서 혈압을 올린다든지, 심박수를 증가시키든지, 또는 집중력이 상승하는 등의 생리적 반응을 일으킨다. 그리고 이러한 반응은 평소 내 몸이 가지고 있던 항상성을 변화시킨다. 그리고 이 변화된 항상성이 다음 단계로 우리 몸을 이끈다.

▌ 2단계, 저항

우리 몸은 항상성의 변화를 느끼면 "호르몬 생성, 에너지 대사 증가, 단백질 합성" 같은 변화를 일으킨다. 왜냐면 우리 몸은 또 다시 스트레스가 주어질 것을 미리 대비해야 하기 때문이다. 그리고 이 과정을 잘 거치면 우리가 처음 말했던 스트레스에 대한 "적응"이 일어나게 되는 것이다. 그래서 우리는 스트레스에 노출되고 회복하는 과정에서 적응하고 한층 강해지게 된다.

▌ 3단계, 적응 실패

2단계에서 끝났어야 할 과정이 스트레스가 과도하게 주어졌을 때, 3단계에 걸쳐 나타나게 된다. 우리가 적응하지 못할 정도의 스트레스를 받게 되면 생리적, 구조적 파탄이 적응 반응을 압도해 버린다. 다시 말해 적응에 실패해서 신체적 능력이 약해질 뿐만 아니라 스트레스에 적응하는 능력 자체가 떨어지게 된다. 이것이 우리가 흔히 알고 있는 오버트레이닝이라고 하는 것이다.

우리는 기계가 아니라 사람이기에 할 수 있는 운동에는 한계가 있다. 운동에 대한 연구가 활발하지 않았을 때는 무조건 많이 하는 것이 좋다고 생각했지만, 지금은 그렇지 않다. 그 이유는 사람 또한 생물이고 셀리에의 보편 적응 법칙에서 벗어날 수 없기 때문이다. 운동은 결코 많이 한다고 좋은 것이 아니며, 적당한 선에서 운동을 해야 한다. 그렇다면 우리는 도대체 얼마만큼 운동을 해야 할까? 다음 장에서는 운동을 얼마나 해야 하는지에 대한 운동양에 대해서 알아보도록 하겠다.

운동량, 볼륨

운동에 대한 과학적인 연구가 시작되면서 '운동을 얼마나 많이 해야 되나?'에 대한 연구가 활발히 이루어졌다. 일반적으로 운동의 총량을 운동의 볼륨(volume)이라고 한다. 운동 볼륨은 어떤 운동의 무게×세트 수×횟수로 표현된다. 가령 예를 들면, 스쿼트 100kg, 3세트, 10회는 [100×3×10 = 3000] 이라는 숫자로 표현된다. 그리고 볼륨에 해당 되는 그 숫자를 늘리는 것이 일반적인 운동의 목표가 된다. 당연하게도 운동을 잘하는 사람일 수록 다루는 무게 및 횟수 그리고 세트 수가 많기에 운동량 높아진다.

너무나 당연하게도 더 높은 성과를 얻기 위해서 운동을 더 많이 하려고 한다. 더 많이 하면, 더 많이 얻을 것이라는 믿음이 있기 때문이다. 하지만 이것은 틀렸다. 앞서 적응 반응에서 잠깐 언급했듯이 너무 높은 스트레스는 몸을 적응에 대한 실패로 이끌기 때문이다. 이것을 조금 더 구체적으로 설명해 보겠다.

과학적 데이터가 없던 그저 많이 운동하면 더 몸이 좋아진다고 믿던 때의 운동 방법은 정말 운동량이 많았다. 1960~70년대를 주름 잡았던 아놀드 슈워제네거의 운동 시간은 평균 5~6시간이었다고 한다. 얼마나 운동을 많이 했는지 상상이 가는가? 그리고 그렇게 운동을 오래 많이 하려면 운동 세트 수가 많아져야만 한다. 운동 볼륨(무게×세트 수×횟수)에서 세트 수가 늘어났기에 운동 시간이 길어진 것이다. 그런데 최근 연구 결과들은 위와 같은 운동 방법이 잘못되었음을 시사한다. 그리고 실제로 2020년대에 활동하는 프로 보디빌더 중에서는 단 45분 내외로 운동을 하는 선수들도 존재한다. 왜 그런 걸까?

연구자들은 사람의 근육당 최대 근성장을 이끌어내는 세트 수를 찾는 연구를 진행하였다. 굉장히 다양한 연구에서 다양한 범위의 결과값을 내어놓았지만, 그들의 평균 내어보면 한 근육 무리당 일주일에 10~20세트 사이다. 가슴 운동으로 예를 들면 일주일에 벤치프레스 4세트, 딥스 3세트, 플라이 3세트를 하면 끝인 수준이다. 운동 경력이 조금 있는 사람이라면 이 양이 생각보다 엄청 적다는 것에 충격을 받을 것이다. 한 세트에 소요되는 시간 1분, 쉬는 시간 3분을 잡아도 한 세트에 평균 4분, 10세트면 40분이면 운동이 끝나게 된다. 그렇기에 어떤 프로 선수들은 45분에 안에 운동이 끝나는 것이다. 그리고 이런 연구 결과는 우리에게 전달하는 또 다른 메세지가 있다.

운동의 일반적인 발전은 운동의 양을 늘리는 것이라고 했다. 그런데 우리는 세트 수를 무작정 늘리면 안 된다. 그렇게 되면 적응에 실패하기 때문이다. 그렇기에 제한된 세트 수 안에서 운동량을 늘리기 위해서 "점진적 과부하"라는 개념이 생긴 것이다. 제한된 세트 수에서 더 많은 운동량을 얻기 위해서는 횟수 또는 무게를 늘려야 하는데, 근육 성장에 가장 최적화된 횟수는 8~12회로 알려져 있기에 이것 또한 고정값에 가깝다. 그러므로 운동 볼륨을 늘리는 최선의 방법은 "무게"를 늘리는 것이다. 그로 인해서 2010년대 이후 피트니스 시장에는 "점진적 과부하"라는 단어가 가장 뜨거운 키워드로 자리 잡게 되었다.

우리 몸에는 내구성이라는 게 존재하기에 무조건 많이 하는 것은 좋지 않다. 그렇기에 제한 된 세트 수 그리고 횟수 안에서 운동을 진행해야 한다. 각 근육 부위당 주당 진행되는 세트수가 10~20세트 이내여야 하고, 부족하면 늘리고 많으면 줄이는 식으로 자신에게 맞는 운동량을 찾아나가야 한다. 제한된 세트 수 안에서 최대의 효과를 얻으려면 무게를 늘려나가는 방향으로 운동을 해야 한다. 운동의 양을 늘리기 위해서 세트 수나 횟수를 늘리는 방법으로 트레이닝을 지속하게 되면 언젠가 오버트레이닝의 늪으로 빠져들어가게 된다. 그리고 그 결과 운동을 많이 하는 것 같음에도 불구하고 오히려 변화거 없거나 오히려 퇴보하게 되는 것이다.

휴식, 디로딩

근육은 헬스장이 아니라 집에서 쉴 때 성장한다. 뿐만 아니라 피로 누적으로 인한 부상은 불현듯 찾아오기 마련이다. 그래서 운동만큼 중요한 휴식에 대해서 이야기 해보려고 한다.

1982년에 나온 fitness - fatigue model에 따르면, 운동을 하는 만큼 피로도가 쌓인다고 한다. 그리고 그 쌓인 피로도는 우리의 신체 능력을 저하시킨다. 예를 들어, 갑작스러운 등산이나 과도한 집안일을 한 다음날 몸살이 나는 것과 비슷하다고 생각하면 된다.

운동에서 쌓이는 피로는 총 4가지 형태로 나타난다. 첫 번째는 근육 손상이다. 운동은 근육에 손상을 내고 회복하는 과정이지만, 회복 되지 않는 손상이 피로로 남아 있는 것이다. 두 번째는 호르몬의 불균형이다. 너무 과도한 운동은 남성 호르몬을 감소시키고, 스트레스 호르몬인 코티솔을 증가시킨다. 세 번째는 신경 피로이다. 신경이 피로해지면 근육 수축이 잘 일어나지 않게 된다. 네 번째는 글리코겐 고갈로, 우리가 에너지로 쓰는 에너지원의 소모로 기운이 없어진다.

우리는 적절한 타이밍에 휴식을 하여 피로를 날려야 하고, 그로 인해서 다시 높은 퍼포먼스를 낼 수 있는 몸으로 운동에 복귀해야 한다. 그런데 이때 "휴식"은 회복을 위한 휴식이다. 그리고 이렇게 회복을 위한 휴식을 디로딩(deloading)이라고 하고, 무게를 조금 내려놓는 기간을 의미한다. 통상 일주일 정도 디로딩을 진행하고, 언제 어떻게 디로딩을 하는지 한번 알아 보도록 하자. 디로딩은 3가지 타입이 있다.

▌ 기본적인 디로딩

가장 대중적인 디로딩 방법으로 운동의 세트 수와 무게를 둘 다 떨어뜨리는 방법이다. 통상 30~50% 정도의 세트 수를 감소시키면 되고, 무게는 다소 높게 유지하면 된다. 예를 들어 3~4세트의 운동을 했다면 2~3세트로 세트 수를 줄여주고, 부담되지 않는 무게로 진행하면 된다. 완전 휴식이 아닌 회복을 위한 휴식이다.

▌ 완전 휴식

1960년대에 많이 사용되던 일주일간의 완전 휴식법이다. 말 그대로 헬스장에 가지 않고 완전한 휴식을 취하는 방법인데, 이 방법보다 운동을 지속적으로 하면서 휴식하는 것이 더 효과가 좋다고 알려지면서 이런 방법은 많이 사용되지 않는 추세이다. 개인적으로 이 방법은 다시 운동으로의 복귀가 너무 힘들다라는 단점이 있다고 느꼈다. 그런데 설날, 추석, 휴가 등등이 있을 땐 이런 방법을 사용하면 좋다.

▌ Taper

퍼포먼스를 위한 운동을 할 때 사용하는 방법이다. 세트 수는 줄이되 무게는 줄이지 않는 방법으로 여전히 무겁게 하지만 세트 수를 절반 정도로 줄여서 회복하는 방법이다. 즉 훈련양 자체가 조금 줄어들어 몸에게 회복할 시간을 조금 더 줄 수 있다. 보통 대회를 앞두고 많이 사용하는 방법이다.

그럼 디로딩은 언제 해야 할까?

첫 번째, 내가 필요로 할 때 한다. 운동에 경력이 쌓이면 언제 휴식이 필요한지 알게 된다. 뭔가 평소와 다르다고 생각하면 디로딩을 한다. 하지만 사실 진짜 언제 디로딩이 필요한지 초보자들은 정확히 알기 힘들다. 그래서 보통은 두번째 방법을 많이 한다. 두 번째 방법은 미리미리 디로딩을 먼저 해버리는 건데, 보통 4주 또는 8주에 한 번씩 주기적으로 디로딩을 하는 것이다. 운동을 더 오래 했다면 사실 더 높은 피로가 쌓인다. 그렇기에 더 높은 퍼포먼스를 위해서 미리미리 쉬어주는 것이다. 부상을 사전에 예방하는 차원이다. 위의 모든 것들이 너무 복잡하다면 디로딩을 단순히 가볍게 운동하는 주라고 생각해도 좋다. 또는 기술이나 자세를 연습하는 기간이라고 생각해도 좋다.

개인적으로 나는 20대까지는 디로딩이라는 것을 하지 않았다. 그러다 30대에 부상을 당하게 되면서 어쩌면 내가 부상을 당하는 이유가 피로 누적으로 인한 것일 수도 있겠다는 생각을 하게 되었고, 지금은 한달에 한번씩 디로딩을 진행한다.

식단

우리는 어떻게 먹어야 할까? 요즘은 각종 다이어트 방법이 넘쳐난다. 살을 빼지 못하면 이상하다고 생각이 들 정도로 다양한 다이어트 방법들이 존재한다. 간헐적 단식, 키토제닉, 카니보어 등등… 모든 다이어트에는 그 장점과 단점이 존재한다. 그래서 보통 다이어트를 할 때는 먹으면 안 되는 음식들이 존재를 하는데, "~을 하지 말라"는 제약은 오히려 인간을 더 하고 싶게 만들기에 그런 식의 다이어트를 하면 지속 가능하지 못하다. 모든 다이어트 마다 각 장점이 존재하지만, 개인적인 견해로 일반인들이 가장 따라 하기 좋은 다이어트 방법을 하나 공유하고자 한다. 엄청 간단하다. "EC 800g Challenge" EC는 EC Synkowski 라는 사람의 이름이다. 그리고 800g은 800g의 채소나 과일을 매일 먹기를 뜻한다. 800g은 약 6

컵 정도의 분량을 뜻하고 한번 해본다면 생각보다 많은 양이라는 것을 알 수 있다. 이 800g 을 섭취하게 된다면 우리는 필요로한 대부분의 영양소를 섭취할 수 있고, 그리고 그 덕에 다른 정크 푸드들을 잘 먹지 않게 된다고 하는 게 이 다이어트의 핵심이다. 얼마나 좋은가? 뭘 먹지 말라고 하지 않고 6컵을 꼭 먹으라고 말하니! 그러니 여러분들도 6컵의 야채 또는 과일 먹기 챌린지를 꼭 해봐라. 여기에 덧붙여서 단백질도 챙겨서 먹어주면 좋은데 체중(kg)× 1.5~2그램의 단백질을 섭취해 주면 좋다. 가령 성인 70kg의 사람이라면 약 105~140g 정도 의 단백질을 먹어주면 된다! 다이어트는 무조건 간단하게 지속 가능하게 해주는 것이 좋고, 가급적이면 가공식품 보다는 자연에서 나온 그대로를 먹는게 좋다.

이 책은 다이어트에 관해서 자세히 다루는 책이 아니기에, 간단히 참고할 정도만 언급하고 넘어간다. 하지만 운동에 있어서 식단은 떼려야 뗄 수 없는 관계이기 때문에 운동에 진중함이 추가될 수록 운동과 더불어 식단에도 심혈을 기울여야 한다.

"you are what you eat"
"네가 먹는 것이 곧 너이다"

chapter
07

운이 좋았던
내 이야기

■ 운동 덕후가 운동 공부를 시작하니 생긴 일

■ 나를 살린 스쿼트

운이 좋았던
내 이야기

나는 공대생이었다. 20살 때까지 앉아서 공부만 하던 학생이었고, 공부를 썩 잘하지는 못했지만 수시 제도라는 운이 좋은 방법으로 UNIST라는 학교에 입학하게 되었다. 지금은 학교가 많이 좋아졌지만 내가 입학을 할 당시에는 공부와 운동 말고는 정말로 할 게 없었다. 그 덕에 "기숙사-헬스장-도서관"으로만 구성된 심플한 삶을 살았다. 그렇게 그냥 자연스레 운동과 친해졌다. 대학에서 공부했던 기계공학이라는 학문은 '바벨 운동'에 적용하기 좋은 점들이 많았다. 기계 공학의 주된 이야기는 '어떻게 하면 구조적으로 안전하고 강하게 만들 수 있을까?' 이고, 이것은 바벨 밑에서 내 몸을 안전하고 강하게 만드는 것에 높은 이해도를 주었다. 뿐만 아니라 학교에서는 모든 수업을 영어로 하기에 어쩔 수 없이 영어를 잘하게 되었다. 그 덕에 영어로 된 운동 자료들을 많이 볼 수 있었고, 어렵지 않게 최신 운동 정보를 빠르게 습득해 나갔었다. 23살에 해병대를 전역해서, 20대의 대학 시절은 의욕이 넘쳤고 다행히도 그 의욕이 공부로 이어져서 대학을 최우수 졸업 할 수 있었다. 그 덕인지 운이 좋게도 서울대와 KAIST 두 곳 모두 대학원 입학허가서를 받게 된다.

서울대 대학원을 진학했던 나는 대학원이란 곳에서 시련 아닌 시련을 마주하게 된다. 대학 과정까지는 그저 책에 있는 내용을 익히고 응용해서 책 속의 문제를 풀어나가면 되지만, 대학원이라는 곳에서는 현실에서 스스로 문제를 제기하고 답이 없는 문제에 대한 가설을 세워서 연구를 해나가야 하는 곳이었다. 거기에 더해 내가 몸을 담았던 곳은 '소프트 로봇 및 바이오닉스' 연구실로 "로봇"을 만드는 곳이었다. 대학교 때 기계공학을 전공했지만 로봇을 만들어본 적은 한 번도 없었고 그로 인해서 대학원에서 하는 모든 과정은 나에게 너무나 버거운 일들의 연속이었다(컴퓨터 공학을 전공했다고 컴퓨터를 잘 고칠 수 있는 건 아니듯, 기계 공학을 전공했다고 로봇을 만들 수 있는 건 아니다). 그리고 그곳에서 정말로 연구에 진심이고 똑똑한 사람들을 많이 만나면서 내 자신이 연구자의 길과는 맞지 않다고 생각이 들었고, 석사를 졸업하고 취업을 결정했다.

운이 좋게도 나는 곧바로 취업을 할 수 있었고, 주방 자동화 로봇을 만드는 스타트업에 초기 멤버로 하드웨어 리드 자리를 맡게 되었다. 주방에서 일어나는 단순 반복적인 일들을 자동화 하는 로봇을 만드는 곳이었다. 작은 원룸에서 시작을 해서 80평 사무실까지 옮겨갔었고, 로봇으로 운영되는 "더티보울"이라는 식당을 만들어서 관악구 배달의 민족, 랭킹 1위에 등극하기도 했었다. 그 와중에도 꾸준히 운동과 유튜브를 병행했었다. 스타트업의 업무 시간은 딱히 정해져 있지 않았지만 오전 9시 출근 그리고 오후 9시 퇴근을 반복했다. 늘 밤 10시에 헬스장에 갔다가 12시에 집에 와서 새벽 2~3시까지 유튜브 업무를 보는 일을 반복했으며 주말이라는 개념이 딱히 없었다.

스타트업도 회사였고 회사라는 곳은 내 삶의 주체가 내가 되기 힘든 곳임을 깨달았다. 시간을 자유롭게 사용하기 힘들었고, 회사의 성장과 나의 성장이 별개라는 것을 알게 되었다. 그렇게 결혼이라는 인생의 중요한 일을 앞두고 퇴사라는 결정을 했다. 내 삶을 내 스스로 결정하는 사람이 되고 싶다는 생각이 들었다. 그리고 나는 전업 유튜버라는 직업을 하게 된다.

운동을 잘하는 것과 운동을 가르치는 것 그리고 운동을 전달하는 영상을 만드는 것은 독립적인 일이라는 것을 전업 유튜브를 하고 나서야 깨달았다. 유튜브라는 시장을 공부하다 보니 내가 유튜브로 돈을 벌고 있는 것이 신기할 정도로 나는 운이 좋은 플레이어였다는 생각이 들었다. 유튜브라는 시장에도 분명 공략법이 존재하건만, 나는 내 마음대로 플레이를 했음에도 불구하고 운이 좋게 살아남았다는 생각이 들었다. 그리고 언제까지 운이 내 편이 아님을 알기에 끊임없는 공부를 이어나갔다.

운동 덕후가 운동 공부를 시작하니 생긴 일

대학 과정에서 배운 점이 있다면 스스로 공부하는 법이었다. 대학교에서 미친 듯이 공부했던 전공과목들은 솔직히 지금 기억나는 것이 하나도 없다. 그런데 다시 그 전공들을 공부하면 누구보다 높은 이해도를 가질 자신이 있다. 내가 배웠던 것은 공부하는 방법이었기 때문이다.

뒤늦게 운동 공부를 시작했지만 사실 너무 재밌었다. 덕업일치라고 하나? 내가 좋아하는 것을 공부하니 더 공부가 잘되고 공부를 하니 운동이 더 재밌어졌다. 그리고 그렇게 공부한 것들을 잘 정리해서 영상으로 만드는 작업까지 하니 모든 정보가 살아있는 형태로 내 몸에 저장이 되었다. 그렇게 나만의 운동 세계를 만들어 나가기 시작했다.

그러던 와중에 나는 참 재미난 사실을 발견했다. 운동 특히 그중에서 헬스장이라는 곳에서 일어나는 웨이트 트레이닝에는 체계가 존재하지 않았다. 영어를 공부할 때 알파벳을 배우고, 단어를 외우고, 문법을 배우고 그리고 문장을 만드는 것을 배운다. 운동을 공부할 때도 가장 낮은 수준의 움직임을 익히고 하나씩 그 복잡함을 더해나가야 한다. 그러나 헬스장에서 행해지는 운동법은 마치 아무것도 모른 채로 그냥 원어민이 말하는 영어 문장을 따라해보는 식과 다르지 않았다. 그렇게 영어를 배우는 것이 나쁜 것은 아니지만, 그렇게 배우는 운동은 자칫 몸을 망가뜨릴 수 있다는 점에서 큰 차이가 있다. 영어 발음을 어눌하게 하거나 문법을 틀리는 데는 리스크가 없다. 그러나 운동을 잘못하는 데는 건강을 해친다는 리스크가 존재한다. 그래서 단계별 학습법이 필요함에도 불구하고 우리는 여전히 '그냥 하면되지'라는 생각으로 운동을 배우거나 가르친다.

처음에는 이런 문제를 바로 잡아보려고 유튜브에 시리즈 컨텐츠를 제작하기 시작했다. 그 당시에 경제적으로 많이 힘이 들었는데, 데드스루(스트렝스라이프)라는 운동기구 업체 대표님께서 컨텐츠 제작비를 지원해 주셨다. 장장 1년에 걸쳐서 매주 한편씩 "3대 운동 독학하기"라는 컨텐츠를 올렸다. 지금 보면 다소 부끄러운 영상들도 많지만 그 당시에는 정말 진심을 담았다. 내가 느꼈던 문제를 해결하기 위해서 최선을 다했다.

1년 동안 꾸준히 연재되었던 이 컨텐츠는 300만 이상의 누적 조회수를 기록했고 많은 사람들에게 영향을 끼쳤다. 그러나 온라인 독자들은 자신에게 필요한 정보만 골라서 보기 때문에 이 시리즈 물의 한계점을 체감하게 되었다. 인터넷 강의처럼 돈을 내고 수강하는 것이 아니다보니, 정해진 커리큘럼을 따라오는 식이 아닌 그때그때 보고 싶은 영상을 클릭해 보기에 내가 전달하고 싶은 전체적인 메시지를 전달하는 것에 한계를 느꼈다.

이러한 한계점을 극복하기 위해서 오프라인에서 대면으로 교육을 해야겠다는 생각이 들었다. 평소 존경하던 손웅정 코치님의 '모든 것은 기본에서 시작한다'라는 책에 감명을 받아, "기본력"이라는 수업을 만들었다. 바벨 운동에 관한 기본기를 배우고 그 기본기를 바탕으로 스스로 발전해 나갈 수 있다는 목표로 수업을 진행했다. 그리고 그 수업을 2년 넘게 꾸준히 진행하면서 내가 오프라인에서 만난 사람의 숫자만 100명이 넘는다. 그 100명은 또 다른 사람들에게 영향을 줄 것이라고 생각을 하면서 이 수업을 꾸준히 이어나가고 있다.

나의 이러한 온·오프라인에서의 노력이 조금은 인정을 받았는지, 의사 선생님들이 진행하는 학회에도 여러 번 초청받아, 의사 선생님들 앞에서 운동을 강의하는 기회까지 얻게 되었다. 뿐만 아니라 여러 대형 피트니스 센터에서도 초대를 받게 되어 직접 현장에서 수업을 하는 트레이너들에게 내가 생각하는 운동을 공유할 수 있는 시간들을 여러 번 가졌었다. 또 운이 좋게도 군부대에도 한번 초청을 받아서 군 장병들에게도 내 운동 이야기를 들려주기도 했었다.

나를 살린 스쿼트

스쿼트는 내 삶을 빛나게도 했고 어둡게도 했다. 나의 20대를 돌이켜 보면 그저 욕심에 사로잡힌 운동으로 스스로를 갉아 먹었고, 그 결과 스쿼트는 나를 잠식했다. 그렇게 나를 철저히 망가뜨린 스쿼트로 인해서 좌절하기도 했고, 원망하느라 시간을 허비하기도 했다. 운이 좋게도 항상 내 옆에서 나를 응원해 주는 지금의 아내 덕에 나는 그 암흑 속에서 벗어나는 첫걸음을 내디딜 수 있었다. 허리디스크가 터졌던 그 날은 아내의 웨딩 드레스를 고르는 날이었다. 나를 훤히 꿰뚫어 보는 나의 아내는, 아프다는 말을 하지도 않았음에도 어떻게 그 날 내가 아픈 줄 알았는지 눈물이 글썽거리는 채로 나를 만나러 왔다. 물을 마시면 화장실에 가야 하는데, 일어나지 못하니 화장실에 가는 것이 겁이 나서 물도 마시지 못했었다. 결혼도 하기 전인 아내가 페트병을 주며 자신이 치워줄 테니 여기다 해결하라는 그 말에 괜시리 자존심도 상했지만, 빨리 이 상황에서 벗어나야겠다는 강한 동기를 얻게 되었다.

그 날 이후로 나는 허리에 두꺼운 벨트를 하며 가까스로 몸을 일으켜 세워서 어떻게든 걸었다. 걷고 또 걸었다. 그렇게 한 달 즘이 지나고 나서는 아픈 허리를 부여잡고 헬스장에 등록을 하였다. 원판을 옮길 수가 없어서 기구에 앉아서 할 수 있는 운동들만 하면서 어떻게든 살아보려고 발악을 했다. 참 다행이었던 것은 내 의지력에 걸맞게 나는 회복해 나가고 있었고, 결혼식장에는 다행히 걸어 들어갈 수 있었다.

정말 많이 공부를 했다. 솔직히 말해서 대학교에서 누구보다 도서관에 오래 있던 학생이었는데, 그 시절보다 더 열심히 공부를 했던 것 같다. 살기 위해서 하는 공부는 나에게 몰입의 경험을 선사했으며 그 몰입은 정말로 나를 한 단계 발전시켜 주었다. 나는 완벽히 허리를 회복하는데 최소 2년 이상의 시간이 걸린 다는 것을 스스로 잘 알고 있었으며, 결코 급하지 않게 천천히 하지만 구체적으로 계획을 세워서 이뤄나가기로 했다.

첫 번째 목표는 부서진 허리로 인해서 약해진 근육을 다시 회복하는 것이었다. 그래서 보디빌딩 대회에 나가서 1등을 하겠다는 큰 목표를 1년간의 계획에 걸쳐서 세우게 된다. 그리고 그 과정들을 모두 유튜브에 담았고 나는 보란 듯이 한국에서 가장 권위 있는 대회인 NPC IFBB Natural Pro Qualifier 라는 대회에서 -65kg 체급 보디빌딩 부분에서 1등을 하게 된다.

그리고 다음 1년은 내가 가장 두려워하는 것을 하기로 결정을 한다. 다시 "파워리프팅" 대회를 나가야 겠다고 결심을 했다. 또 무거운 무게를 드는 운동을 하다가 다칠 수 있다는 생각을 했다. 하지만 충분히 공부를 했고 이제는 스스로 몸을 관리 할 수 있다는 믿음이 있었다. 그리고 나는 23년에 미국 텍사스에서 열리는 파워리프팅 대회에 나가서 체급 3등을 했다. 정말로 기뻤다. 미국 대회에서 상을 받을 거라고 예상조차 못했는데 상을 받았다는 기쁨, 그리고 부상없이 이 대회를 완주 할 수 있었다는 환희.

지금 나는 내가 살아남기 위해서 공부했던 것들, 그리고 그것들을 실제로 스스로 증명하면서 경험했던 것들을 바탕으로 나의 이야기를 사람들과 함께 나누며 사는 삶을 살아가고 있다. 그렇게 철저하게 나를 망가뜨렸던 스쿼트는 나를 다시 살렸다.

If I only had an hour to chop down a tree,

I would spend the first 45 minutes sharpening my axe.

- Abraham Lincoln -

나무 베는데 한 시간이 주어진다면, 도끼를 가는데 45분을 쓰겠다.

- 에이브러햄 링컨 -

AWESOME
BLISS

epilogue

마무리 하며

어떤 이야기를 담아야 하나 고민을 많이 했습니다. 대단한 사람도 아니고 그저 구독자들에게 조금 사랑을 받은 한낱 운동 유튜버일 뿐입니다. 운동을 제대로 공부하지도 않았고, 그저 살기 위해 공부했던 것이 운동입니다. 그리고 남들보다 그저 조금 운이 좋았을 뿐입니다. 다만 가장 운이 좋았던건 뭘까를 고민해봤더니, 운동과는 거리가 먼 삶을 살았던 제 이야기 그것이었고, 그런 이야기를 들려드리는 것이 놀라운 일이 될 수도 있겠다는 생각이 들었습니다. 그래서 기존에 제가 많이 읽어 보았던 운동 책과는 전혀 다른 에세이도 아니고 운동 서적도 아닌 애매한 성격의 책이 나온 것 같습니다.

운동과 거리가 멀었던 저는 운동이 어려웠습니다. 남들이 쉽게 하는 팔굽혀 펴기와 턱걸이는 저에게는 도전과 같은 운동이었죠. 그래서 저는 운동이 어려운 분들의 마음을 너무나 잘 이해합니다. 그래서 어쩌면 제가 운동에 레벨을 생각하는지도 모르겠습니다. 타고나기를 제가 10레벨로 태어나서 모든 게 쉬웠다면 아마 평생 해보지 않았을 고민과 공부를 저는 레벨1이었기 때문에 너무나 많이 했어야 했죠. 그런데 생각해 보니 그것이 모두 행운으로 작용해서 여러분들에게 저만의 이야기를 들려줄 수 있지 않았나 생각이 듭니다.

제가 생각하고 만들어 나가는 운동 세상이 단 한 분에게라도 긍정적인 영향을 끼쳤으면 좋겠다는 생각으로 책을 썼습니다. 어떻게 보면 '스쿼트'라는 단순히 쪼그려 앉는 동작을 너무 어렵게 설명했다는 생각도 듭니다. 하지만 "나무 베는데 한 시간이 주어진다면, 도끼를 가는데 45분을 쓰겠다."는 에이브러햄 링컨의 말 처럼 저는 본질적이고 기본적인걸 더 많이 할수록 결국 더 높은 효율을 낸다고 믿는 사람입니다. 빠르고 즉각적인 효과를 내어놓는 특별한 방법을 저는 모릅니다. 그저 아주 지독한 기본을 반복하는 것이 결국 초기값이 낮은 제 인생의 기울기를 높이는 방법이라고만 믿는 사람입니다. 제가 살아가고 바라보는 세상의 규칙이 여러분들의 삶에도 조금이나마 녹아들었으면 좋겠습니다. 부족한 글을 이만 마치도록 하겠습니다. 저랑 긴 호흡으로 이야기를 나누어 주셔서 진심으로 감사합니다.

Awesome Bliss   정 영 현

나를 살린 스쿼트

발행일   2024년 4월 25일 (초판)

발행처   인성재단(지식오름)

발행인   조순자

편저자   정영현

편집·표지디자인   홍현애

※ 낙장이나 파본은 교환해 드립니다.

※ 이 책의 무단 전제 또는 복제행위는 저작권법 제136조에 의거하여 처벌을 받게 됩니다.

정 가   25,000원   **ISBN**   979 - 11 - 93686 - 37 - 9